U0468633

8小时玩赚爆款短视频

胡禹成 / 著

中华工商联合出版社

图书在版编目（CIP）数据

8小时玩赚爆款短视频 / 胡禹成著 . —北京：中华工商联合出版社，2022.6

ISBN 978-7-5158-3460-3

Ⅰ.①8… Ⅱ.①胡… Ⅲ.①网络营销 Ⅳ.①F713.365.2

中国版本图书馆CIP数据核字（2022）第096399号

8小时玩赚爆款短视频

作　　者	胡禹成
出 品 人	刘　刚
责任编辑	楼燕青　胡小英
装帧设计	鸿蒙诚品
责任审读	付德华
责任印制	迈致红
出版发行	中华工商联合出版社有限责任公司
印　　刷	三河市华晨印务有限公司
版　　次	2022年10月第1版
印　　次	2022年10月第1次印刷
开　　本	787mm×1092mm　1/16
字　　数	170千字
印　　张	12
书　　号	ISBN 978-7-5158-3460-3
定　　价	59.80元

服务热线：010-58301130-0（前台）
销售热线：010-58301132（发行部）
　　　　　010-58302977（网络部）
　　　　　010-58302837（馆配部）
　　　　　010-58302813（团购部）
邮址邮编：北京市西城区西环广场A座
　　　　　19-20层，100044
Http：//www.chgslcbs.cn
投稿热线：010-58302907（总编室）
投稿邮箱：1621239583@qq.com

工商联版图书
版权所有　侵权必究

凡本社图书出现印装质量问题，请与印务部联系。

联系电话：010-58302915

PREFACE 序一

超级风口之下,如何抓住短视频机遇

> 短视频是一个前景光明的领域,做短视频是一件方向正确的事,值得所有内容创作者在此施展抱负。
>
> ——字节跳动创始人 张一鸣

做短视频有前途吗?

这是每一个想要进入短视频领域的人都在纠结的问题!

多说无益,让我们用数据说话。根据中国互联网络信息中心(CINNIC)发布的《中国互联网络发展状况》统计数据,截至2021年6月底,我国网络视频(含短视频)用户规模达9.44亿,其中短视频用户规模已经达到8.8亿,占据网民整体数量的87.8%。而在五年前,我国短视频用户仅为1.53亿。

在短视频行业蓬勃发展的大环境下,许多具有经济头脑的用户看准时机早早进入短视频赛道,自学短视频的拍摄与剪辑方法,很多人已经抓住短视频的第一波红利,在短视频风口中获得了属于自己的第一桶金。

然而,尽管现在短视频的进入门槛越来越低,普通人仅需一部智能手机便能拍摄制作,但想用短视频迅速涨粉变现,成为头部,则需要创作者在文案创作、拍摄技法、剪辑经验、人设包装等许多方面做到极致。

如何从一个默默无闻的创作者成长为短视频行业中具有影响力的网红，需要每名创作者，尤其是新入门的创作者进行深入思考并积极学习，整个过程绝非一朝一夕之功，短视频这条路并不适合那些做事仅有三分钟热度的人！

与当下市场上一些缺乏实用干货、理论居多、实操较少的图书有所不同的是，本书在撰写前积累了大量短视频教学素材，素材包含很多大咖的短视频核心逻辑和重点，更包含短视频主流玩法的拍摄技巧与流程拆解，在保证短视频新手能够轻松看懂的前提下，循序渐进，针对不同情境，给出相应的进阶玩法介绍和创作方向的定位与推荐，学完就可以上手，实操性很强。

大部分刚刚接触短视频的创作者，其痛点在于前期起步艰难，各方面的工作汇聚到一起时不知从何入手。因此，对想从事短视频行业的读者朋友而言，在下定决心投身短视频行业之前，我们务必考虑并解决以下七个问题。

平台选择：抖音、快手、微视、西瓜、B站……短视频平台那么多，整体布局显然不现实，因为不同的平台有不同的算法、推荐机制、用户喜好以及特点。另外，不同平台所流行的内容风格也有很大的不同，那么我们应该如何选择最适合自己的平台呢？

内容定位：你清楚自己的优势是什么吗？你的内容边界在哪里？你又该以怎样的形式与逻辑来创作属于自己的作品？

内容策划：说到底，短视频比拼的重点还是内容的好坏，在这个娱乐过剩的时代，如何让自己的短视频更有内容、更有价值，是短视频从业者需要考虑的重要问题。

拍摄技法：对于没有任何摄影经验的人来说，仅凭一台好设备并不能使你拍出有质感的影视素材，也许你强大的心理素质能使你很快摆脱手抖的毛病，但想拍摄出观众喜欢的作品，你还需要在创作中不断累积经验。

剪辑技术：视频的剪辑软件有很多，有简单的也有复杂的，这些剪辑软件的功能你了解吗？

吸粉引流：自媒体时代，谁掌握了流量，谁就拥有了无限的发展和变现机会。

在不花费一分钱的前提下，你能想到的短视频吸粉引流的方法有哪些？

流量变现：流量已经有了，该如何变现呢？相信这是无数短视频创作者的心声。变现是所有短视频创作者最终需要面对的终极难题，如果没有适合自己的方法，即便账号做到百万粉丝也很难盈利，变现能力反而不如几万粉丝的垂直类账号。因此，我们在策划账号定位的初期就应当想好未来的变现方法，并朝着这个方向不断调整自己的账号运营策略。

实际上，短视频创作者所面临的问题还要更多，但以上七个问题则是新手创作者进入短视频行业时首先应该考虑的问题，同时也是本书重点为各位读者朋友讲解的问题。

短视频虽然只有短短的十几秒，但制作出优质的作品并不简单。如何能让自己的作品抓住他人的眼球？如何吸引用户关注？如何增加现有粉丝黏性……这些都是创作者需要投入精力学习领悟的。本书以深入浅出的方式呈现短视频精细化运作的每一个细节，既适合个人和团队短视频创作者阅读，也适合希望借助短视频实现私域引流，商业变现的企业、品牌或商家作为指导读物。愿每位读者都能通过本书，做一个年入十万、年入百万的短视频号！

序二 PREFACE

给短视频创作者的一封信

亲爱的读者朋友：

大家好！

新媒体经济的风口下，全民皆是创作者，只要你热爱短视频，就可以参与到视频的创作中来。不过，并非每位怀揣短视频梦想的创作者都能成为万人瞩目的明星和月入斗金的达人。

作为一名从事自媒体短视频多年的从业者，我十分清楚每位短视频创作者内心对于未来的憧憬以及担忧：尝试了这么久为什么仍然没见多少成效？什么赛道最容易变现和成功？是不是现在短视频越来越难做了，已经过了最佳时期？

与众多短视频创作者一样，我也曾在无数个夜晚辗转反侧睡不着觉，在放空的思绪中揣摩用户的喜好,并且有幸在抖音和快手都拍出过播放量突破1 000万、点赞量超过15万的短视频作品。

即便当时我对于各个短视频平台的流量池已经具备很深的理解，但在作品开始爆发的时候，还是在迅速增长的各项数据面前大吃一惊。毫不夸张地说，当你将后台消息全部清空后，最多再过半盏茶的工夫，你的后台消息数量又会提示为"99"（抖音消息提示的最大数量）。这是我首次感受到短视频的力量，也正是这个机会，使我接触到多位短视频达人，并与他们进行深入的交流。

那些日子里，我收获了不少来自达人的运营和选题建议，不过让我印象最为深刻的是关于观众需求问题的讨论。在这个问题上，几乎所有的短视频达人都说出了类似的看法"无论你精通何种技能，拥有怎样的人气，想在这个玩法、规则快速更迭的短视频行业里永远玩下去都是一件不大可能的事，因为无论是谁，都不敢笃定自己对于粉丝、观众的需求可以'百分百拿捏'。"在与这些达人的交流中，我也的确感受到了他们言语中不经意间透露出的焦虑，正如他们所担忧的那般，无论今天你有多红，等到江郎才尽时，人们便会将你彻底遗忘。但也正是这种隐约的焦虑，在激发他们不断创新，做出更优质的短视频。

不得不说，这些短视频行业的达人们说话都挺实在，明天流行什么，没有人可以准确预测。但是，对于短视频新入门的朋友而言，我们却可以从他们过往的创作和运营经历中汲取值得学习和借鉴的经验。

为了能让各位读者朋友在今后的创作中少走弯路，我通过自身在自媒体行业多年摸爬滚打取得的经验，与抖音、快手、视频号等多家平台的创作达人交流中得到的思路，交织在一起，最终总结出以下六点建议，希望能够给刚入门的朋友提供些许帮助。

关于热爱与梦想

无论出于对短视频的热爱，还是对互联网低成本创业造富梦的追求，实现它们的前提是必须亲自实践，绝不是临睡觉前幻想一波，自己拍什么样的视频肯定能红……

创业的想法在自身准备工作尚未成熟之前，是可以短暂存于内心的。但若是一直光说不做，恐怕就算机会摆在面前，你也把握不住。

光想不做是大多数人的通病，在现实生活中，我们要拿出"要么不做，要么不想"的态度，尤其是创业，光想不做的结果只是给你徒增焦虑而已。因为每一次的知行不一，只会使你的内心越来越不自信，最终碌碌无为地过完一生。

关于短视频创业这件事儿，你一旦付出行动就至少拥有50%成功的希望。

关于领域

事实上，判断一个领域是否适合自己，只看你是否对这个领域感兴趣，选择领域其实就是挑选兴趣。在领域的选择上，不能单纯地以领域是否热门、是否容易变现来衡量。

领域是否热门其实是相对的、辩证的。很多现在看来较为热门的领域不代表可以永远保持热度。某个领域就算再热，你打心底不喜欢，并且也不具备该领域的专业知识，那么对你来说就不存在任何意义。作为一个过来人，我可以很负责任地讲："做短视频自媒体，兴趣的标准才稳定，利益的标准不会长久。"

在领域的选择上，挑你内心热爱的内容做，你在制作短视频时才会更有干劲，也能做出更优质的作品。

无论任何领域，只要你的作品制作得足够吸引人，就不愁得不到流量。好比旅行，只要你站得更高、走得够远，肯定能够见到别人未曾见过的风景。

关于学习

学海无涯，无论何时，知识都能使你的人生拥有更多可能。

在网上，有些短视频博主为了博人眼球，总是发布一些"知识无用论"的内容来吸引流量，大肆宣传没有经过系统学习短视频知识的素人成长为网红的例子。

这样的案例的确是存在的，但这样的个案根本说明不了问题，只是一种"幸存者偏差"的现象罢了，只有普遍的事实才有说服力。

伤仲永的故事相信很多人都知道，世界上确实存在天资卓群的天才，他们在某个领域表现出来的能力令人惊叹，可若是缺少后天的教育和学习，最终也只能泯然于众。

短视频知识储备的多少将决定一名创作者未来的文案水准、产能、选题方向、作品深度、价值观……这些都是影响作品质量的关键因素。

如果你耐心地读完这本书，能通过书中所讲的知识拍摄出让自己更加满意的短视频作品，那么这本书就不算白看。

关于竞争

短视频行业中，竞争无处不在。"物竞天择"是进化论的核心观点，也是人类社会的本质之一。因此，面对行业竞争，我们能做的也唯有迎难而上，所有试图逃避、淡化竞争的创作者在短视频的道路上是走不远的。如果你的性子很"佛系"，生活中习惯不争不抢，只愿平和地过好自己的生活，那你并不适合来短视频行业创业。

关于包装

无论短视频还是直播，都需要对出镜者的外在形象进行包装。如果你天生拥有一张好面容，那么这就是天然的优势。但如果你样貌普通，也别灰心，因为做"人设"，不只是外貌，内在也很重要。

温文尔雅的言谈举止，会传递一个人的风度，镜头里你所表现出的良好素养会让你的气质更具魅力，这是一种连岁月都无法侵蚀的吸引力。

关于时间

时间不是解药，但解药都藏在时间里。不要总觉得时间还充裕，晚点下场也没什么大不了。其实，越晚下场，所得到的红利就可能越少。

有些朋友总是抱怨自己身后缺少MCN的资源扶持，自己很难得到流量，于是灰心气馁。互联网行业的本质就是这样的，谁拥有更多资源，谁就能占据更多优势。但我们仍然可以相信时间，因为时间是公平的，它不会因为谁是网红从而每天多给他一秒钟的时间。

事实上，对于很多人来说，创作短视频始终都是一件非常乏味且枯燥的事情，需要长时间的坚持。如果你具有一定的抗压和忍受孤独的能力，那么不妨从看完这本书开始，好好地规划一下自己的创作计划，随后将时间逐渐转移到短视频上，只要你通过本书了解了短视频的底层逻辑，并能坚持下去，终有一天，它会给出你想要的答案。

胡禹成

目录

第1章　短视频：新经济时代的超级风口　/ 001

  短视频凭什么迅速火爆起来　/ 003
  5G将催生更多的短视频玩法　/ 006
  短视频成为个人创业的重要风口　/ 008
  超高清直播将大幅爆发　/ 009

第2章　平台：选择最适合自己的短视频平台　/ 011

  抖音：记录和分享美好生活　/ 013
  快手：记录世界，记录你　/ 015
  微视：随便拍拍都有趣　/ 018
  抖音火山版：拍你所爱，秀你所想　/ 020
  好看视频：好看到停不下来　/ 022
  西瓜视频：给你新鲜好看的　/ 024
  秒拍：10秒拍大片　/ 026
  美拍：每天都有新收获　/ 027

第 3 章　**定位：找准自己擅长、有爱好的领域　／ 031**

  搞笑类：能抓住用户的笑点　／ 033

  美食类：你也应该是美食爱好者　／ 034

  游戏类：你就是游戏大神级人物　／ 035

  旅游类：就是一个资深驴友　／ 036

  动漫类：分享二次元世界　／ 038

  科技类：平时喜欢关注和钻研新技术　／ 039

  宠物类：喜爱宠物，养有宠物　／ 041

  时尚美妆类：有颜，有美妆技术，爱分享　／ 042

第 4 章　**内容策划：创意＋实用＋共鸣　／ 045**

  内容关键词 1：有创意　／ 047

  内容关键词 2：高颜值　／ 048

  内容关键词 3：萌　／ 049

  内容关键词 4：干货　／ 051

  内容关键词 5：绝技　／ 052

  内容关键词 6：正能量　／ 054

第 5 章　**拍摄：掌握技巧，拍出高质量的短视频**　/ 057

　　短视频拍摄的重中之重：脚本撰写　/ 059
　　短视频常用的两种拍摄方式　/ 061
　　短视频拍摄的三个角度　/ 063
　　如何在不同天气、光位拍出好视频　/ 065
　　各种"特效"的拍摄　/ 067
　　拍摄时需要注意的事项　/ 069

第 6 章　**剪辑润色：短视频需要"精心打扮"**　/ 073

　　熟悉短视频剪辑软件　/ 075
　　如何选择最适合的音乐　/ 077
　　如何给短视频添加字幕　/ 079
　　片头剪辑技巧　/ 081
　　如何添加边框　/ 083
　　如何添加涂鸦水印　/ 085
　　如何使色调更具冲击力　/ 087

第 7 章　拟标题：赋予短视频最传神的"眼睛"　/ 091

　　标题要能勾起用户的好奇心　/ 093

　　标题要能切中用户痛点　/ 095

　　替用户"站队伍""贴标签"　/ 096

　　充分利用名人效应　/ 098

　　标题最好结合热点　/ 099

　　标题中能够制造冲突　/ 100

　　在标题中巧妙地运用数字　/ 102

　　加入流量大的关键词　/ 103

　　短视频标题拟定注意事项　/ 104

第 8 章　发布：让短视频以最佳的方式亮相　/ 107

　　视频输出参数的选择　/ 109

　　发布短视频时多用"@"功能　/ 111

　　要尽量多平台发布　/ 113

　　短视频发布的黄金时间　/ 114

第9章　**推广：增加短视频播放量的绝招**　/ 117

  利用"DOU+"工具　/ 119

  利用微博推广　/ 121

  利用贴吧推广　/ 122

  利用头条推广　/ 124

  利用微信推广　/ 125

  利用知乎推广　/ 127

  利用小红书推广　/ 129

第10章　**打造矩阵：发挥多个账号互动协同效应**　/ 133

  短视频矩阵特点和优势　/ 135

  短视频矩阵搭建的四种形式　/ 137

  短视频矩阵企业级营销思维　/ 141

  "樊登读书"如何打造抖音矩阵　/ 142

第 11 章 **变现：让你的短视频价值千万** / 147

  短视频 + 电商变现 / 149

  直播变现 / 152

  短视频 + 广告变现 / 155

  知识付费：利用抖音推出课程 / 158

第 12 章 **分析数据：不断提升，打造"百万 +"爆款短视频** / 161

  分析竞品，总结别人的爆款的经验 / 163

  分析用户喜好，绘制用户画像 / 165

  重点分析短视频播放量 / 167

  分析点赞、转发、评论、收藏，发现规律 / 169

  根据数据，确定重点发力的平台 / 170

第 1 章

短视频：
新经济时代的超级风口

新经济时代已来，自媒体和新技术不断发展，短视频迎来爆发的超级风口。特别是5G高速率、低时延、大容量等特征，给短视频插上了飞翔的翅膀，让短视频在内容、表现方式等方面更加便捷，有了更多的提升空间，让用户的体验更加良好。

雷军说，站在风口上，猪也能飞起来。所以，一定不要错过短视频这个风口，抓住机会，从而实现腾飞的梦想。

短视频凭什么迅速火爆起来

尼尔·波兹曼（《娱乐至死》一书的作者）是世界著名的媒体文化研究者和批评家，他曾说："一种信息传播的新方式所带来的社会变迁的更大意义在于，它自己本身定义了信息的传播速度、来源、传播数量以及信息存在的语境，从而深刻地影响着特定时空的社会关系、结构与文化。"

视频作为一种新的信息传播方式，给现在的社会带来了巨大的变化。这已经是人类信息传播方式发生的第三次变化，前两次是文字和图片。相较于文字和图片，视频具有的优势更明显——能够表达更多的内容，所以视频很快成为一种非常重要的信息传播方式。特别是短视频，更加契合移动互联网时代信息传播的"短平快"特点，所以很快火爆起来。

近年来，我国短视频用户在逐年增长。根据中国互联网络信息中心（CINNIC）发布的《中国互联网络发展状况》统计数据，截至2021年6月底，我国短视频用户规模已经达到8.8亿人（如图1-1所示）。

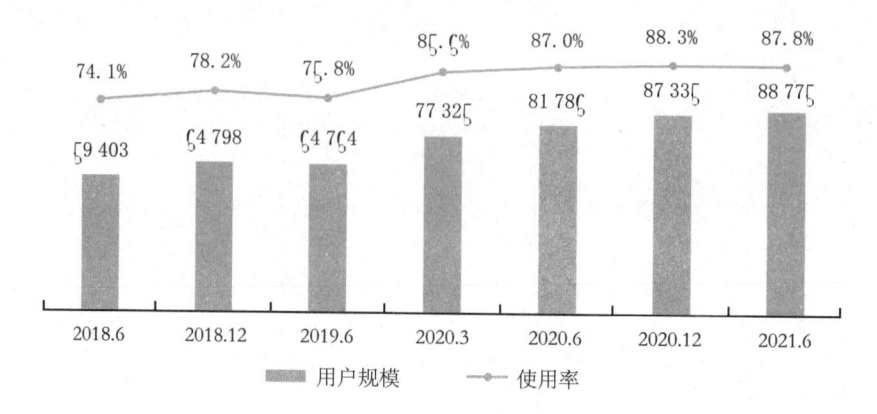

图 1-1　我国短视频用户规模及使用率

我国短视频能够快速发展起来,具体原因有以下四点。

技术方面的支持

4G 通信技术、移动互联网技术、数据传输技术、算法的应用以及智能终端（手机）的发展与普及,为短视频的兴起提供了硬件基础和平台。

据《中国移动互联网发展报告（2021）》数据,2020 年我国 4G 用户总数达到 12.89 亿户,占移动电话用户数的 80.8%。同时,流量费用大幅下降,让更多的人不再为流量担心。

算法和个性化推荐,能够给用户分发推荐自己最喜欢的短视频内容,让人找信息变成了信息找人,从而增加了用户黏性。

另外,5G 技术发展迅速,截至 2020 年底,我国已建成 5G 基站 71.8 万个,覆盖全国地级以上城市及重点县市。全国移动通信基站总数达 931 万个,全年净增 90 万个。这为短视频发展提供了更加良好的条件。

用户体验良好,符合市场需求

在移动互联网时代,人们倾向于以更简单、更轻松、更便捷、更便宜的方式,获取更多、更好、更密集的信息,而短视频的可视性、动态性、产量大、成本低、分发快以及短小精炼等特点,恰好符合了上述需求,所以很受人们的喜爱。

另外，自媒体使得"人人都是发声筒"，但同时也为谣言提供了温床，面对突发事件，各种消息满天飞，人们很难判断真假。在这个时候，短视频体现出了很大的价值，有视频有真相，短视频的内容是第一手材料，更具真实感和说服力。所以，从这个角度来说，新闻传播需要短视频。

资本的大力推动

短视频的快速发展离不开资本的大力推动。抖音和快手的成功，让各大互联网公司看到了短视频的巨大发展潜力。于是，各路资本纷纷冲入短视频赛道，想要分一杯羹，从而推动短视频行业更加繁荣。腾讯、百度、小米等公司都涉足了短视频领域。

另外，广告商也在推动短视频发展。短视频的表现形式非常灵活，消费门槛比较低，变现机会大，是非常优质的广告载体。于是，许多知名品牌直接在短视频平台投放广告。短视频凭借自己的高流量与强大的转化能力，吸引广告商，就会有更多的资金支持短视频行业发展。

用户创作热情的推动

短视频最大限度地发挥了社交功能，满足了用户追求个性化表达与展示自我的需求。通过短视频创作，能够引发共鸣，满足用户的表达欲望、社交欲望以及社会化传播需求。这就极大地刺激了用户的创作热情，不用别人催促，用户会自动自发，发挥自己的创意，在短视频平台上尽情地展示自己的才能，甚至是自己平凡的生活，与众多网友、粉丝互动交流。用户创作的内容越多，短视频平台的发展就越有动力。

经过多年的发展，我国短视频平台主要形成了六大类：以抖音、快手为代表的社交媒体类；以西瓜、秒拍为代表的资讯媒体类；以B站为代表的BBS类；以陌陌、朋友圈视频为代表的SNS类；以淘宝、京东、拼多多视频为代表的电商类；以小影、VUE为代表的工具类。而在这六大类别中，抖音、快手牢牢地占据了短视频市场的龙头地位，其他短视频平台只能瓜分剩余的市场。

5G将催生更多的短视频玩法

5G对短视频的影响是很大的。以抖音和快手为例,在5G时代的浪潮前,或许最可能出现的变化是算法的更高级运用和视频互动模式的更加丰富。

抖音和快手类的短视频应用能够迅速火爆起来,刚开始的时候离不开无线端庞大的市场规模和消费者猎奇心理的支撑,但是随后而来的粉丝沉淀则需要依靠自身的产品迭代和算法逻辑,抖音和快手的内容遵循着兴趣导向、历史导向、社交导向、热点导向和圈层导向的指导,这在未来的5G手机场景中,将会因为AI的深度切入而变得更加生动。

随着5G等技术的发展,短视频行业还将迎来历史性、突破性的发展机遇。5G技术使打开视频像4G时代人们打开图片一样快,更多的普通网民可以参与内容创作,短视频将成为内容传播的绝对主力。而随着5G的普及,可以预见,更稳定的视频传输技术将会带来新一轮的行业洗牌。

而且,5G技术的普及,还会催生更多短视频的玩法,让短视频的呈现方式、内容、应用场景更加丰富多样。

突破VR、AR应用的瓶颈

在4G时代,由于受到数据传输速度的限制,VR(虚拟现实)、AR(增强现实)技术虽然有所发展,但非常缓慢,甚至处于停滞的状态。很多VR体验馆也随着VR的"失宠",被一棒子"打入冷宫",有些勉强维持,有些关门歇业。

随着5G的普及,VR技术迎来了良好的发展机会。5G的"高速率、低时延"

特性恰好适配了VR和AR对网络的敏感性特征，虚拟场景和现实场景可以得到完美融合。

5G所带来的这种完美融合，能够提升互动式体验，更加吸引用户的注意力，增加用户的黏性。在5G时代，用户观看视频除了可以通过点赞、评论等行为进行内容交互外，还可以成为一个内容的参与者。也就是说，用户不只是看创作者准备好的内容，而是会左右内容的方向，甚至会自主选择剧情。

在观看模式上，借助VR、AR，用户可以真正和创作者一起寻觅一段未知的旅程，或者进入特定的环境体验未曾拥有的经历。参与感能够极大地调动用户的积极性，这对用户的吸引力是巨大的。

同时，5G会改变短视频和视频行业的广告模式，拥有5G与VR等技术的高清视频广告更加普遍。用户可以利用"沉浸式体验"真正做到与广告内容全身心拥抱，完全体验广告中的视觉体验。

短视频内容更倾向UGC

现在短视频内容的生产构成里，UGC（用户生产内容）与PGC（专业生产内容）均是重要的组成部分。UGC和PGC的区别，是有无专业的学识、资质，在所共享内容的领域是否具有一定的知识背景和工作资历。

5G技术会降低用户制作视频的门槛，这样就会使短视频内容更倾向于UGC。只要创作者潜心认真做好内容，就可以不受传统影视创作中条条框框的限制，走出一条属于自己的多样化、个性化的创作之路。这会激发短视频创作者的热情和创新精神，创造出更多有趣的玩法。

短视频成为个人创业的重要风口

随着新经济时代的到来，短视频的创作门槛持续降低，玩法越来越多，吸引更多的人通过短视频来实现自己的创业梦。

很多人只要一闲下来，就会刷视频。短视频的盛行，带动了一批创业项目的产生。不管你承不承认，事实就是：短视频是一个非常好的创业突破口，不管是谁，都能利用短视频进行创业。而且那些互联网创业者、传统企业、实体店老板，还可以利用短视频增加客源，甚至进行二次创业。

一般来说，要想做好短视频，必须抓住以下四点。

内容一定要细分

短视频的内容质量高，才能吸引用户，获得成为爆款的机会。但是，短视频内容一定要做好细分，在细分领域保持垂直，深耕细作，做到专业深入。如果内容太泛，不垂直，就会影响推荐，也留不住粉丝，很难做起来。

要考虑清楚内容的用途

短视频是内容载体，要用短视频来做什么才是商业目标。也就是说，做短视频要目的明确，明白自己为什么要做短视频，然后围绕目的策划方案。如果目的不明确，即使做了起来，将来变现也会很困难。

必须创新

创新是短视频吸引人的重要因素。比如，现在 5G 技术已经开始普及，是不是想办法提升视频质量，做 VR 短视频。

无论是短视频内容的创新，还是表现形式的创新，都是获得更多推荐量和流量的重要方法。创新才能产生独特的吸引力，实现快速涨粉，最终变现。那些在短视频领域创业成功的人，他们的短视频几乎都有其独特的创新点。

必须结合自身资源和特长

结合自身资源和特长，才可以碰撞出花火，做出观众喜欢的短视频。比如唱歌、跳舞、乐器演奏、朗诵等，其中有一两项是你的特长，你就可以做才艺表演短视频；你擅长做饭，你就可以做美食类短视频；你口才好，说话幽默，就可以做讲故事、聊天的短视频。

超高清直播将大幅爆发

新技术的发展，特别是 5G 技术的普及，给超高清直播带来良好的发展机遇。基于 5G 网络的超高清直播有各种应用场景，主要包括：大型赛事直播、大型演出直播、重要事件直播等。

对于 5G 加持下的超高清直播，有一位企业家说："有了 5G 网络，就相当于有了路面更宽，载客量更高的高速公路，而 8K 可以看作是在高速上奔跑的车辆，两者结合可以发挥最大效用。"

在政策层面，2019 年 3 月 1 日，工业和信息化部、广播电视总局和中央广播电视总台联合发布《超高清视频产业发展行动计划（2019–2022 年）》，对超高清视频端到端产业链进行整体推动。

其实，在更早的时候，人们已经开始高清直播的尝试。

2018年2月，第23届冬奥会在韩国平昌举行。各大转播机构采用了最新的8K和VR技术，精彩呈现美轮美奂的雪景，如实记录各路健儿的激烈角逐。大量比赛采用了高清VR直播。采用5G网络传输各种户外超清体育赛事给观众带来了身临其境的现场参与感。

2018年底，中央电视台开始探索5G网络的4K直播。2019年春晚的深圳和长春分会场，就是使用5G网络回传4K直播信号。

2019年4月，"游戏直播第一股"虎牙直播进行了5G+4K高清户外直播的尝试。

在直播中，虎牙直播旗下主播"兔三岁"在广州珠江游轮上进行即兴表演，介绍沿途风光和岭南美食，这个过程长达4小时。

现场画面通过4K摄像机采集，利用5G网络上行传输至边缘节点进行处理，再经由超低时延的边缘分发传输和5G网络到达观看端。相比4G网络，这次直播的延迟更低、画质更清晰。5G技术在降低直播和互动时延、丰富内容加工能力等方面都有着非常重要的作用。

还有直播带货，在5G的加持下，会更加火爆。在直播过程中，高清技术使主播对产品的展现更加真实。面对成千上万的观众，主播说谎和套路客户的概率极低，因此更易加深粉丝对其的信任。尤其是对于服装类、美妆类等消费频次较高的产品而言，主播的试穿、试用体验能够将效果更好地呈现在粉丝面前，从而促成粉丝以最快的速度接受主播推介的产品。

以前由于技术的限制，超高清直播很难实现，而现在5G技术获得突破，大面积普及，超高清直播必然获得爆发式增长。而且，超高清直播的应用场景也会不断扩大，会更加丰富，不会仅限于大型赛事、演出等。

直播与短视频属于"伴侣"关系，两者相互影响，相互促进。很多人也是既做直播，也做短视频。超清直播的爆发，必然也会带动短视频的快速发展。

第 2 章

平台：

选择最适合自己的短视频平台

抖音、快手、好看视频、西瓜视频……短视频平台数不胜数，短视频创作者想要快速做出选择并不容易，但若是整体布局显然又不现实，平台的调性、玩法不同，就个人来说，在没有团队帮助的情况下，想要全平台发力几乎是一件不可能完成的事情。因此，选择适合自己的平台非常重要。在本章中，我们对当下的主流短视频平台进行了一次梳理，对各平台的特点、玩法、用户群体等做全面分析，让读者对各平台有一个清晰的了解，再根据自身内容定位做出合适的选择。

抖音：记录和分享美好生活

抖音是由今日头条孵化的一款音乐创意短视频社交软件，该软件于2016年9月20日上线。在抖音上，你可以分享自己的生活，认识到更多的朋友，同时也可以了解各种奇闻趣事。这是一个面向全年龄的短视频社区平台。

对于短视频新用户来说，抖音是首选，因为抖音的用户是所有短视频平台里最多的，这里流量充足，相对来讲更容易做出成绩。

抖音平台的定位是有趣、好玩、新潮，在快节奏的前提下，为用户带来新奇又有魔性效果的视频。抖音一线城市用户居多，尤其以年轻人为主，抖音为年轻用户提供了一个表达自我的社区环境。用户在使用抖音上传作品时可以选择歌曲（电音、舞曲、钢琴曲等），搭配短视频（可以自己拍摄素材，也可以对影视素材进行二次创作），形成自己独特的具有创造性的作品，分享到抖音上让更多的人看见。

此外，抖音短视频的制作门槛较低，平台为用户提供了各式各样的背景音乐、特效道具，用户只需出境表演即可；如果原创能力差，可以模仿其他人进行内容创作。这种特性让抖音从众多短视频产品中脱颖而出，受到众多年轻人的青睐。抖音短视频的产品界面，如图2-1所示。

抖音的功能特点

1. 舒适感体验

用户打开软件直接进入视频播放界面，没有烦琐的操作流程。其中一个很重要的特点竖屏播放给用户带来了舒适感，也减轻了用户的选择负担。另外，利用精准算法根据浏览记录推送内容，可以让用户在有限的时间里观看更多优质的、符合其偏好的短视频。

2. 简洁的页面

抖音的视频播放页面只保留几项必要的功能，比如点赞、转发、评论等，没有其他影响观感的功能。在视频拍摄过程中，大部分功能按键都会被隐藏起来，只留下与拍摄相关的部分，使拍摄的干扰降至最低，用户体验得以大幅提升。

图2-1 抖音APP页面

3. 音乐多元化

抖音APP除了内置丰富的曲库外，还支持百度网页搜索音乐导入，为用户提供多元化的选择，而且支持用户在拍摄短视频的过程中自由地选择音乐并剪辑。

4. 强大的特效

抖音为用户提供了强大的美颜与滤镜功能，提高了用户的信心与勇气，让更多的普通人乐意分享。同时抖音APP为用户提供了很多视频特效与视频道具，让短视频变得更加有趣、更加有质感。

5. 热门挑战

抖音发起的热门挑战与热门话题、热门音乐息息相关，每个挑战都会根据热度与发布时间排名，激发年轻人参与的热情，提高"中部"内容生产者的活跃度，鼓励其生产出更加优质的内容。

抖音的内容特点

1. 内容健康，宣扬正能量

前面我们提到过抖音平台的定位：有趣、好玩、新潮。早期的创作者在创作短视频时，凡是符合这三个定位的短视频且作品质量优秀，基本都能得到不错的流量。后来，抖音为了保证内容质量，同时为创作者创建一个健康、可持续的内容环境，便在内容审核上面加大力度，任何包含不良言论、不良内容的短视频都会被删除。基于平台严格的内容审查机制，用户的自觉自发性也不断提高，大家共同努力共同维护平台良好的内容生态。

2. 播放机制简单

关于播放机制，抖音只有一个全屏模式，没有播放目录，也没有视频菜单，减少了冗余的设计，使观看画面简单直观。

3. 内容"去中心化"

抖音强大的智能推荐算法根据用户浏览记录为其推送可能感兴趣的短视频。在这种模式下，用户就会像挖掘宝藏一样，用手指不停地滑动屏幕，期望下一个"惊喜"。这种交互方式深谙用户心理，让用户沉迷其中，无法自拔。

快手：记录世界，记录你

快手是由北京快手科技有限公司及其关联公司开发的一个"记录与分享生活"的短视频平台。其定位就是"记录世界，记录你"，主要用来记录生活中有趣的人与事，并分享给所有人。相较于其他短视频，快手的用户以四五线城市的年轻人、农村用户及中学生为主。快手适用于生活单调、生活节奏比较慢，没有啥特殊技能，但渴望得到关注的群体。

凭借独特的内容调性和强大的UGC内容运营，快手从众多短视频平台中脱颖而出。截至2021年6月，快手月活用户量突破10亿，日活用户量突破4亿。快手短视频产品界面，如图2-2所示。

快手的产品优势

1. 平台好，超级日活

快手是一个好平台，这源于其数亿的日活跃用户量。如此多的用户每天都在使用快手，说明快手具有很高的黏性，很受用户的青睐。正是如此巨大的日活用户，才能造就一大批快手红人。

2. 宣传范围广

快手用户的年龄层跨度较大，从年龄范围看，上到九十九，下到刚会走，很多是快手的用户。在城市的分布上，一线城市占10%，二线城市占36%，三四线城市各占20%和34%，所以说，快手是在走农村包围城市的道路一点也不为过，因为从数据上来看，它的用户基本是以三四五线城市为主，虽然一二线的用户比例略有上升，但一二线的用户总数加起来仅4 000多万。

3. 快手带货销售快

快手曾经在2018年"双十一"前举办了一次组团卖货的活动，联合众多品牌商家，创造了令人惊喜的成绩，比如"散打哥"当天带货超过1.6亿元，快手带

图2-2 快手APP页面

货能力超强。快手热销榜的产品主要有零食、美妆、服饰、农副产品、钓鱼、健身产品等，快手新用户想做直播带货，可以从这里面选择适合自己的产品。

快手的功能特点

1. 快手热榜

快手热榜会实时更新受关注最高的热点短视频，内容非常丰富，在这里不仅可以看到热点短视频，还能看到其热度及变化。

2. 快手同城、同校榜

这是快手短视频平台区别于其他短视频平台的特色功能，输入你所在的城市和学校，你就可以看到筛选后的同城、同校视频，拉近了同一区域间人与人之间的距离。

3. 短视频拍摄

该功能支持用户分段拍摄短视频，甚至还能拍摄更长一点的长视频。

4. 专业级配乐

在为短视频进行配乐时，快手短视频平台有大量由专业音乐人编制的配乐曲库，方便用户根据自己的短视频选择恰当的配乐。当然，用户也可以使用自己的音乐为视频配乐，创作具有个人特色标签的个性化短视频。

5. 多样化滤镜

快手为用户提供了30多款滤镜，其丰富多样的形式和效果，为用户美化视频提供了有力的支撑。

6. 一体化视频剪辑

快手作为短视频平台，集成了视频剪辑功能，支持用户逐帧编辑、分段剪辑，为用户调整视频提供了方便。

7. 独家气泡贴纸

快手为用户提供了200多款贴纸和50多款气泡，让视频更有趣、更个性。

8. 分享到各大社交平台

用户可以将自己在快手制作的短视频分享到微博、QQ、微信等社交平台，还可以保存到本地。

微视：随便拍拍都有趣

微视是腾讯旗下一个短视频创作与分享平台，于 2013 年 9 月 28 日上线，可以说是国内最早的短视频 APP，现为腾讯战略级产品。微视支持 QQ 号或微信号等多种登陆方式，还可以将拍摄的短视频分享到微信、朋友圈等。2017 年 4 月 10 日，腾讯关停微视。后来，随着抖音、快手等短视频平台崛起，腾讯再次启动微视。微视平台上的"微视综艺"主页，如图 2-3 所示。

下面我们来深入了解一下微视这个短视频平台。

微视的定位

微视的口号为"有趣的人在微视"，其重点就在于"有趣"。所以，微视鼓励年轻人通过微视挖掘更多有趣的内容，

图2-3　微视平台上的"微视综艺"主页

让微视成为年轻人分享潮流与趣味的平台。基于微视的产品定位，我们可以总结出微视的三大核心价值：

1. 保持好奇，寻找生活的乐趣；
2. 展现与众不同的自我；
3. 打造微视达人的潮流文化。

微视的用户分析

微视的用户以年轻人为主，他们喜欢新鲜感、追求刺激，喜欢表达自我、彰显个性，并渴望得到关注，获得认同。在微视所有的用户中，对音乐感兴趣的用户占到了76.3%，其中对流行时尚话题感兴趣的用户又占到了30.7%。

从分布区域来看，微视的用户以二三线城市及以下为主，其中有10.48%的用户分布在广东省，微视上有很多热门视频都是用粤语进行解说或配音的，这是微视与其他短视频平台最大的差别。

微视的功能特点

1. AR拍摄，一键美型

使用微视拍摄短视频时，支持AR拍摄，一键美型，可以使用户更加美丽、更加自信。

2. 短视频制作功能

用户在制作短视频的过程中可以添加个性化元素，比如美颜、滤镜、贴纸音乐、特效等，丰富短视频内容，提升短视频质量，增强短视频的趣味性。

3. QQ音乐曲库

该曲库里面有数量庞大的正版曲目，用户为短视频添加背景音乐时，有更多的正版音乐可供选择。

4. 视频跟拍功能

微视的"视频跟拍"功能非常实用，每个视频界面都可以点击"跟拍"进入视频录制，录制视频时可以直接使用原视频音乐，模仿原视频动作进行拍摄，降低视频拍摄难度。

5. 视频模板

用户可以使用模板一键生成精美的短视频。如果用户喜欢小动物,就可以利用微视技提供的"萌宠"模板,将小动物的可爱瞬间制作成短视频。外出旅行时,用户可以使用微视提供的旅行模板,将旅途中拍摄的图片或视频配上自己喜欢的音乐制成短视频。

6. 30秒朋友圈视频

微视的用户在上传短视频的同时选"同步到朋友圈",就可以将短视频分享到朋友圈。但需要注意的是,这个视频有时长限制,用户勾选"同步到朋友圈"之后,如果视频时长超过30秒,发布时需要点击"编辑"选项,从中节选30秒;如果短视频时长不足30秒,就可以完整地同步到朋友圈。如果用户想将已经发布的短视频同步到朋友圈,只需在微视的个人主页找到发布的短视频,点击"同步到朋友圈"按钮即可。

7. 现金奖励

用户点击"我"右上角的"任务中心",完成"新手现金任务",在朋友圈同步分享30秒的短视频就能领取现金奖励。

抖音火山版:拍你所爱,秀你所想

抖音火山版的前身是火山小视频,火山小视频上线于2016年12月,是今日头条推出的一款15秒原创生活小视频社区,主要功能是利用小视频帮用户获取内容、展示自我、积聚粉丝、发现同好。2020年1月,火山小视频和抖音正式宣布品牌整合升级,火山小视频更名为抖音火山版,并启用了全新图标。在抖音火山版APP中，用户可以自己制作短视频并分享出来。用户每发布一条短视频就能获得一定的火力值，将火力值积累到一定数量就可以变现。抖音火山版利用这种方式激发用户的创作热情，保证平台持续不断地涌现新内容。抖音火山版产品界面，如图2-4所示。

有些人可能比较好奇，今日头条在已经有了抖音的情况下为什么还要做火山小视频呢？这与今日头条的运营方式有关。今日头条看中一个赛道之后，往往会推出多款同类产品，齐头并进，相互竞争，最后哪一款产品脱颖而出，就重点做这个产品。抖音、火山小视频，还有后面要讲的西瓜视频，都是今日头条短视频矩阵里面的产品。只不过，抖音是这些产品里面做得最好的一款。新用户一般会选择抖音作为其短视频创作平台，但有些人也会根据自己的条件和喜好，选择其他短视频平台，比如抖音火山版。

图2-4 抖音火山版APP页面

抖音火山版的用户分析

在抖音火山版的用户中，男性用户占比51%，女性用户占比49%，男女占比均衡；从用户年龄来看，核心用户群体主要分布在25~35岁，占比49%；从地域来看，抖音火山版的用户主要分布在三线及以下城市，占比59%，其中三线城市的用户最多，占比26%。

抖音火山版的功能特色

1. 直播首页浏览模式

支持大图浏览与小图浏览，用户可以根据自己的需要任意选择。

2. 直播内容小图展示

在大图浏览模式下，用户在浏览直播时可以直接查看直播间的动态。

3. 视频保存

用户可以将自己与他人的视频保存到本地。

4. 火山号／二维码

每个用户都有自己专属的火山号与二维码。

好看视频：好看到停不下来

在短视频领域，各大互联网公司竞争非常激烈，因为大家都看到了这个领域的巨大潜力。字节跳动（今日头条母公司）、快手、腾讯是做得比较好的公司，作为 BAT 的一员，百度也不甘落后，推出了自己的短视频产品——好看视频。

好看视频包括好看视频独立 APP、百度 APP 短视频、百度搜索短视频等，全面覆盖美食、游戏、生活、健康、文化、情感、社会、资讯、影视等众多领域。好看视频依托百度技术，致力于为用户提供优质的视频内容。好看视频以创作者、用户为核心，每天有 1.1 亿活跃用户在好看视频上传、观看、分享及评论视频，近 10 万视频创作者通过好看视频为百度生态用户提供丰富的视频内容，好看视频的产品界面如图 2-5 所示。

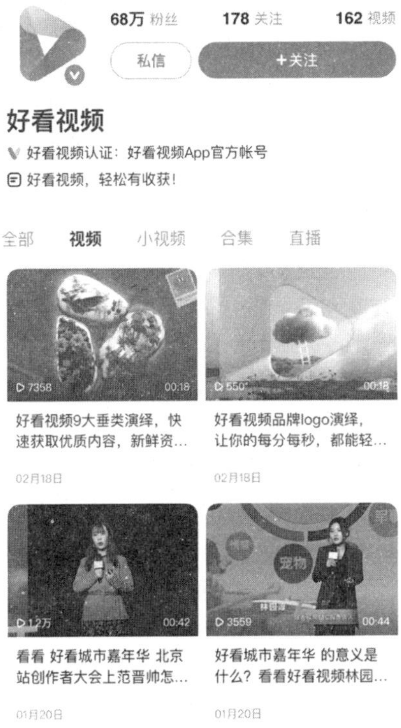

好看视频的功能特点

1. 标签类别多

好看视频内容全面且划分精细，既有"搞笑""影视""音乐"等大众化标签，又有"教育""军事""科技"等个性化标签，以满足不同用户的不同需求。

2. 内容范围广

内容来源包括权威政务机构、新闻媒体，还有优质个人创作者、公司号等，内容类型丰富，涵盖短视频、直播、小程序等多种形式。

3. 内容源于自创

一是针对"母亲节""高考"等时事热点以及行业大事件，出品原创短视频栏目；二是脱口秀自制栏目，如《TA说》《好好吃饭》等；三是明星类节目

图2-5 好看视频APP页面

自制，如《封面故事》《娱乐不设防》《是爱豆啊》《发光的大叔》等，提高了原创度，增加了用户体验。

4. 批量关注

好看视频具备筛选权威媒体和优质自媒体账号的功能，可对账号进行分类，用户可一键关注，此外用户在观看视频过程中还可以直接订阅视频发布者。

5. 青少年保护

在青少年保护模式下，好看视频通过精准算法筛选适合未成年人观看的优质内容，暂停提供视频直播、充值、打赏、购买、评论等服务，单日使用满40分钟或每日22时至6时期间，暂停使用。

6. 搜索功能

针对特定账号或者特定视频特点可以从海量视频中搜索到需要的那部分，搜

索引擎强大。

好看视频的优势

1. 好看视频属于百度系，主打泛知识内容，依托百度这棵大树，利用AI、搜索引擎等技术打造生态矩阵。

2. 百度业务之间相互赋能，互相引流，搭建链式共享信息平台。

3. 目标用户定位准确，抓住渴求知识，自控力较强的中老年人。

4. 采用横版视频投屏，增加用户的舒适度体验；直播、线下促活等多种方式齐头并进。

5. 页面结构设计思想突出，当前播放视频下方为往期视频，方便连续播放。

西瓜视频：给你新鲜好看的

2016年5月，今日头条上线视频板块，并在同年9月宣布出资10亿元扶持短视频创作。2017年6月，头条视频更名为西瓜视频，并确定了新的品牌口号——"给你新鲜好看的"。西瓜视频是一个开眼界、长知识的视频APP，作为国内领先的短、中视频平台，它源源不断地为不同人群提供优质内容，让人们看到更丰富和有深度的世界。西瓜视频的产品界面，如图2-6所示。

图2-6 西瓜视频APP页面

西瓜视频的特点

1. 用户分析

西瓜视频的用户比较均匀，一半分布在一二线城市，一半分布在三四线及以下城市。在男女比例方面，男性用户多于女性用户，男性占一半以上，女性用户占比43%。西瓜视频的用户年龄范围在18~40岁。

2. 视频时长

西瓜视频的主流视频都在三分钟以上，可以让品牌完整地讲述一个故事，非常适合用来进行品牌营销。

3. 展现形态

与其他短视频不同，西瓜视频以横屏视频为主，可以对用户产生较强的吸引力，增强用户的沉浸感。

西瓜视频的优势

1. 先进的专业技术

算法分发和关系分发并重。算法分发与关系分发是短视频内容推送的两种技术，算法分发是决定向用户推送什么内容，关系分发是用户的关注对象决定向用户推送什么内容。西瓜视频是将算法分发与关系分发放在同等重要的位置上。今日头条之所以能在信息分发领域取得成功，在很大程度上依赖其先进、成熟的算法。西瓜视频借鉴今日头条的先进经验，其首页的分发体系由算法驱动，它会根据用户点击、观看时长、上滑、下滑等一系列行为判断用户的喜好，来向用户推送匹配度高的内容。西瓜视频先进的算法模型对用户进行精准画像，完善的分发模型与用户建立深度链接，不仅拉近用户与偶像的距离，还简化了内容生产者获取粉丝的流程。

2. 成熟的商业变现体系

西瓜视频与今日头条的深度结合，使得西瓜视频不仅能享受今日头条的客户群，还能借用今日头条的广告与算法。借助这个成熟产品的商业体系，西瓜视频可以很好地将用户价值转化为商业价值，实现用户价值与商业价值的统一。

秒拍：10 秒拍大片

秒拍的产品标签为"10 秒拍大片"！它是一款众多明星、美女都在玩的新潮短视频分享平台。凭借炫酷的 MV 主题、文艺范的滤镜、个性化水印和独创的智能变声功能，秒拍能够让用户的视频瞬间变得高大上起来！秒拍支持将视频分享到微博、微信朋友圈、QQ 空间等，让用户和更多好友分享自己的视频。秒拍，是一个集观看、拍摄、剪辑、分享于一体的超强短视频工具，更是一个好玩的短视频社区。

秒拍的功能特点

1. 高清拍摄

支持高清视频编码，操作体验度高，让视频变得更清晰。

2. 炫酷 MV 主题

提供了 30 多种不同风格的炫酷 MV 主题，让用户的视频一秒变大片。

3. 高能水印

具有 40 多种不同个性的动态视频水印，能够彰显用户的个性，增加原创度。

4. 智能变声

秒拍是一款独家提供视频实时变声功能的软件，能把用户的声音匹配成动画人物蜡笔小新、汤姆猫的声音，还可以变声成河南话、四川话等各地方言，声音多变有趣。

5. 与明星近距离接触

邓紫棋、李宇春、谢娜、李湘、林志颖、冯绍峰、刘诗诗、赵丽颖等上百位明星大咖都在使用，随时和用户互动。

6. 多平台分享

轻松将手机里的视频分享给家人、朋友以及微博、微信、QQ 空间、人人网等第三方平台。

秒拍的优势

1. 秒拍具有抓热点的显著特点，在热点、泛娱乐化内容运营的基础上，还肩负媒体属性。平台调性以弘扬正能量、推动明星公益为主，对品牌营销有很好的正面推广效果。

2. 采用与众不同的拍摄、转码、上传同步技术，同等长度的视频比其他产品文件小，方便快速上传、下载。

3. PGC 和 UGC 结合的模式能够充分将内容优势和互动优势转化为多元化的商业化产品，为品牌提供了很有特色的解决方案。

美拍：每天都有新收获

美拍是 2014 年 5 月上线，以"女生最爱的潮流短视频社区"为定位的短视频

APP，从专注女性领域、打造多元化、引领潮流文化三个角度切入，紧紧围绕"女性化生态"进行布局，推出了舞蹈、美妆、宝宝、运动、萌宠、手工、穿搭、美食八大核心内容。美拍除了共享视频内容外，还带有视频拍摄、剪辑等功能，能够美化视频，提升观感。

美拍的进阶之路

1. 工具到短视频平台的转型

起初，美拍只是个单纯的短视频拍摄工具，经过系列创新，推出了 10 秒 MV 特效功能，这一新功能的上线，引起了广泛的关注，美拍正式从一款拍摄软件变成了短视频平台。

2. 用户入驻

随着美拍视频软件拍摄与录制功能不断成熟，平台出现了一些视频拍摄达人，成就了大量的原创短视频，形成了以达人用户和短视频为核心的粉丝用户与关系链。

3. 关系建立

为了建立更多的关系网，美拍开始尝试对视频内容进行分发。分发前对视频内容进行分类，打上标签，方便用户在最短的时间内找到自己感兴趣的内容。美拍后续又优化了大数据智能推荐功能，精准匹配用户。

4. 内容创新

用户关系建立后，美拍着重打磨产品，通过观察用户的喜好、点赞、浏览、评论等行为改进产品内容，鼓励、支持视频内容原创。

5. 粉丝维护

2016 年 6 月，美拍 5.0 版本上线，主要定位粉丝经济，通过上线各种道具满足粉丝需求，帮助达人做好粉丝维护，让其获取一定的收入。

6. 广告收入

之后，美拍又推出了更多广告展示位，形式非常丰富。因为美拍的用户群体主要是高端女性，根据其用户群体特点，可以吸引很多一线奢侈品牌前来合作。

7. 电商带货

2016年，美拍5.0上线了卖货功能，达人可以在美拍开虚拟买手店，通过展示售卖的商品特点、搭配，售出产品，获得相应的收入。当然，也可以通过直播的形式现场讲解，同样可达到卖货的结果。

美拍的优势

1. 内容高端时尚

美拍是一款内容精致，展现精致生活的短视频APP，同时非常注重达人的培养与引进，并与其积极合作，根据平台调性，引导用户生产高端时尚短视频内容。

2. 个性化

美拍添加了很多个性化的内容分类，推出了很多主题活动，方便达人打造个人特色，更好地在平台传播。

3. 垂直度高

舞蹈和美妆两大类视频在美拍的受欢迎度最高，因其垂直度高，所以专注这一领域的用户可以看到更多、更好的同类短视频。

第 3 章

定位：

找准自己擅长、有爱好的领域

想在短视频行业闯出名堂，就绕不开"定位"这个话题。对给短视频账号做定位，很多人不重视，随心所欲地发视频，觉得只要我的视频好就行。其实不然，因为账号的定位会直接影响粉丝的质量，不利于变现；同时，也使得平台无法准确地给你贴标签，从而影响视频的精准投放。所以，我们必须要做好账号定位。

搞笑类：能抓住用户的笑点

短视频账号的定位非常重要，这个定位就是账号的标签，是平台分发、推荐内容给用户的重要依据之一。

短视频账号的定位可以根据自身的情况选择合适的领域。假如你性格开朗，表演欲望强，同时又非常幽默，在生活中喜欢搞怪，那么选择搞笑这个领域就容易做起来。你可以给自己的短视频账号定位为搞笑类。

当然，任何事情想要做成做好，都不是那么容易的。目前，连喜剧演员都觉得逗观众笑太难了，如果你想做搞笑类短视频，不得不发挥自己的"洪荒之力"了，除了要有搞笑成分，还要有创意、新意，能够抓住用户的笑点。如果你想做这类短视频可以借鉴一下"陈翔六点半"整体的风格。

"陈翔六点半"是目前很火的一个原创短视频账号，其短视频以挖掘真实生活的场景来搞笑为主。其短视频内容短小精悍，却寓意深刻，在搞笑的同时紧跟时代新闻事件，反映社会现实，揭示人物心理，引发人们的思考。"陈翔六点半"在搞笑类短视频账号中是非常成功的，最主要在于它不是哗众取宠，引人哄堂大笑，而是每个视频都容易把用户带入情景，蕴含了深刻的道理。

"陈翔六点半"的实际内容并不是传统意义上的情景喜剧，它有固定的时长与灵活多变的拍摄场景，这种接近民生的草根式的幽默情景短剧，使用户能够在最短的时间内通过最方便的短视频平台，缓解压力，放松心情。

需要注意的是，短视频的定位不但要清晰，而且还要保持垂直。你给自己账号定位为搞笑类，就要围绕这个领域发布短视频，不要胡乱发布其他类别的视频。

这样才能获得更多推荐，吸引更多的精准粉丝。

美食类：你也应该是美食爱好者

在短视频平台上，美食是一个大领域，既能做出自己喜欢的美食，还能发布短视频，获得别人的认可，做好了还有一定的收益，何乐而不为呢？所以，从事美食类短视频创作的作者不在少数。如果你也喜欢美食，不妨给自己的短视频账号定位为美食。

美食类短视频主要有三种：美食攻略、美食教程、开吃直播。因为美食这一固定类别，使得美食类博主想要在众多的短视频账号中脱颖而出变得更加不容易，所以特色创新、吸引人成为美食博主未来的路线。

在众多美食博主中，有一位名叫"觅食小美"的短视频运营者却另辟蹊径，不再强调美食制作教程，也不表现"大胃王"式的吃播形态，而是将重点放在食材的获取上，清新脱俗的山间美景配以美人采摘食材、制作美食的过程，开创了"原生态"的山野美食之路。

在"觅食小美"的短视频中，作者挽起裤腿行走在清澈见底的溪水中，采食路边熟透的野果，从山泉中汲水为用，就地挖坑，垒石成灶，用薪生火……这一系列的动作浑然一体，让屏幕前的用户领略到在山野间制作美食的别样乐趣。

"觅食小美"在快手走红就是凭借《石板煎鱼》这样一个短视频。纵观整个视频，全篇没有任何解说，只配合字幕十分朴实地展现了作者在河边用石板煎鱼的过程。而《特制水果酒》这个短视频堪称让不少"觅食小美"粉丝纷纷效仿的作品。在视频内容的具体制作上，《特制水果酒》依然秉承了作者在山野中寻找食材、制作美食的特色。作者在令人沉醉的青山绿水中找到一条清澈的小溪，随后用簸箕将水果装好，用溪水洗干净，再用刀将水果切好，加入冰糖混合，最后放置一个月。这样一个完整的过程，给观看者美好、新奇的体验。

"觅食小美"的短视频不仅在内容上贴近"原生态"，她干净利落的制作手法和清新质朴的画面配色，也成为她被用户喜爱的原因之一。短视频运营者可充分学习、借鉴"觅食小美"的经验，在定位上寻找差异化，减少同质化严重的现象，打造自身独特的风格，从而吸引更多粉丝的关注。

游戏类：你就是游戏大神级人物

游戏也是短视频创作者选择定位的一大领域。特别是年轻人，玩游戏的很多，看游戏类短视频的也很多。

作为帮助人们解压、放松的游戏，用户对它提出了越来越高的要求，不仅想要玩，还要玩得精、玩得好，如果你在这方面"才高八斗""天赋异禀"，是大神级的人物，就可以尝试做游戏解说的短视频运营。"阿三解说"是一个比较有趣的游戏解说类短视频账号，可以学习借鉴他的运营思路。

《王者荣耀》是一款深受人们喜爱的游戏。因其热度很高，所以成了很多短视频运营者关注的对象。"阿三解说"就是专门解说这款游戏的短视频账号，集解说、教学、搞笑于一体。视频博主是一个年轻人，是一个游戏爱好者，所以选择成为一名游戏领域的创作者，他的定位就很精准。他运营的"阿三解说"账号拥有上千万粉丝。

他的视频内容以介绍王者英雄及玩法为主，其中点赞量最高的是一个讲解如何玩辅助的短视频，配以标题"玩辅助总是瞎逛？那是你不懂人情世故"，获得了274.6万的点赞量，这一个视频涨粉80万，视频以辅助英雄张飞为主人公，以诙谐幽默的对话为配音,讲解了辅助的玩法就是要"眼观六路,耳听八方",将"人情世故"这个主题贯穿整个视频,为我们提供了一个既能学习辅助玩法又能收获乐趣的短视频。视频中让人印象最深的一个场景是辅助没套住敌人,但解说者配的视频文案是,"没有人情,只有世故怎么办",评论区纷纷表示,"感觉听了段相声,还不要门票"。

下面,我们来分析一下"阿三解说"短视频账号的特点。

1. 视频内容垂直度高——游戏技能传授

针对很多游戏爱好者想提高自己玩游戏水平的心理,该短视频运营者从自身的优势出发,将玩得好的王者荣耀英雄的技能当作教程教给大家,自然吸引了一波关注。

2. 轻松愉悦的主题少不了——解说配音诙谐幽默

游戏解说类短视频各平台有很多,为什么"阿三解说"能脱颖而出,自然离不开其极具特色的搞笑配音,让人玩个游戏还能玩出"人情世故"。

3. 标题吸引人——语出惊人又颇含深意

看到他的短视频标题,要不是因为玩游戏提前关注了该短视频号,是很难知道视频内容是解说王者荣耀英雄的,增加了用户点击的概率。

如果你热衷于某个游戏,又在这方面学有所得,可以尝试游戏类短视频运营,打出自己的标签,玩出自己的特色。

旅游类:就是一个资深驴友

如果你的短视频账号定位为旅游类,至少你是一位旅游爱好者,最好是一位资深驴友。做旅游类短视频,除了个人爱好,还要有充裕的时间,经济方面也不要有太大问题。当然,穷游也可以,只要能做出高质量的短视频就行。

提到旅行博主,房琪是比较出名的一个。她的抖音号名字叫"房琪kiki",是以她的名字命名的,也更加提高了她本人的关注度。她毕业于南京传媒学院,曾经是发现之旅频道《美丽中华行》的外景主持人,后辞职做了旅行类短视频博主。她在抖音拥有1 070万粉丝,在微博拥有151.35万粉丝,在B站拥有8.5万粉丝。

在《我是演说家》一期《我们毕业了》的演讲视频中,房琪因真情实感地讲述自己的毕业故事而登上微博热搜,使她逐渐进入大众的视野。她的演讲内容和风格非常符合当下即将毕业的大学生的现状,引发了人们的共鸣。

她的视频内容,画面风景清晰优美,文案生动精彩,相辅相成;采用真人出镜,人物美丽,配音恰到好处,并不喧宾夺主;整体风格鲜明,诗意优雅,游览过世界各地,成为旅行博主极致的代表。

下面对她的两个视频进行分析。

《大鱼海棠》:这个视频主要讲述了她因一部电影出发去寻找拍摄地福建神之围楼,给我们展现了福建土楼的真实面貌,那是"神灵"与人间相接的地方;除了优美的自然景观,过硬的文案台词功底永远是短视频吸引人的地方,"这短短的一生,我们最终都会失去,所以,不妨大胆一点,攀一座山,追一个梦,爱一个人",好美的句子,好勇敢的人生,她的语言是那么有张力,有吸引力,引起了人们的共鸣;与此同时,还点明了福建土楼是《大鱼海棠》和《花木兰》的拍摄地。

《聆听秦皇岛》:这个视频讲述的是因为"万能青年旅店"(中国内地摇滚乐队)那首《秦皇岛》,她又出发了,去看海,去坐船,去搭帐篷,去看日出,去听音乐节……"愿你今后的每一天,都活得像一首动听的歌!"这是房琪对生活在尘世中陌生你我的最好祝福,也是最能打动短视频观看者的地方……

"房琪kiki"旅行短视频号最大的一个特点就是有共情的能力,能将用户带入其中,房琪也说过,想要持久地获得流量和粉丝的青睐,就必须要有共情能力,而这种共情的能力大多时候来源于人,也就是作者本身。这是所有想做短视频的运营者最需要关注的点。

动漫类：分享二次元世界

　　动漫类是短视频的一个热门领域。将自己的创作领域定位于热门领域，有利也有弊。热门领域的创作者多，竞争比较激烈，但同时流量也大，只要是优质的短视频，火爆起来的概率也大。动漫类短视频账号不少，我们下面来看看一个做得非常成功的账号——"一禅小和尚"。

　　在风格迥异的抖音平台上，一禅小和尚凭借温暖、治愈的形象赢得了人们的喜爱，这个账号主要通过呆萌的小和尚形象，与智慧师父的对话来拆解尘世的难题，传达人生哲理。"一禅小和尚"在抖音、快手、微信视频号、哔哩哔哩等多个短视频平台运营，根据不同平台的特色制作适合各个平台的内容。

　　在运营初期，"一禅小和尚"的运营者先根据个人经验和自己对平台特性的了解，将自身原有的素材合理剪辑后进行投放，然后不断地收集数据和用户反馈并进行分析，随后对运营策略进行优化和调整。通过这种不断复盘的方式，账号在平台上的运营越来越顺利。

　　"一禅小和尚"抖音短视频的画质非常好，小和尚一禅和师父阿斗的每个动作、每个表情都活灵活现，而且画面色彩唯美，给人们带来了治愈感和美的享受。

　　该抖音账号有一个标题为《能轻易让你失望的人，谈不上遗憾》的短视频，其内容是：小和尚一禅问师父："对一个人彻底死心是什么感觉？"师父回答道："一个人改不了，一个人忍不了，想到未来还长，她怕难熬，仅此而已。"小和尚又说道："那是不是因为不够喜欢？"师父又回答道："再喜欢也是有底线的。底线就是，当她说了这件事她很介意，但你还继续去做，那么没办法，她只能让你和这些破事一起消失。爱是本能，如果连教都教不会，那就不必强求了。"简单的对话道出了两个人分开的真相，小和尚问出了我们大多数人都想知道的一个问题，师父充满智慧的解答相信让很多还没有放下的人释然了吧！

"一禅小和尚"还有一个视频的文案写得非常好，直击人心。"你要知道，有些人啊，就是天生喜欢给别人泼冷水。你聪明，会有人说你心机重；你努力，会有人说你装模作样；有时候，你明明就是一杯白开水，却硬生生被人逼成了满肚子委屈的碳酸饮料。所以，不用去讨好那些不懂你的人，也别为了那些不属于你的观众，去演绎不擅长的人生。"做自己，爱自己，不刻意讨好谁，才能活出自己的人生。心存善良，懂得感恩，做到问心无愧，就不必在意别人的看法，任他人评说去吧！

如果你对二次元世界感兴趣，是个二次元气美少女或美少男，又或者擅长动漫制作，便可以选择动漫类短视频创业，将自己的爱好变为职业。

科技类：平时喜欢关注和钻研新技术

对 3C 产品、新技术和信息感兴趣，或者从事技术工作的人，可以将自己的短视频账号定位于科技领域，专门做与科技相关的短视频。

2019 年 6 月，一个标题为《有多快？5G 在日常使用中的真实体验》的视频一上传到 B 站，就火了！其总播放量达到一亿多，成为 B 站 2019 年的"年度最佳作品"。与此同时，一个北京邮电大学大二的学生——何同学，转眼变成 B 站 UP 主，受到了广泛的关注。

何同学，真名叫何世杰，一个带人们体验 5G 速度的学子，一个 22 岁采访苹果 CEO 的年轻人，一个毕业送给自己星空表演的浪漫理工男。他主要活跃在 B

站，账号为"老师好，我叫何同学"，视频的内容以数码产品测评为主，对苹果的产品和理念理解得非常到位又新颖。他对于视频的整体结构把握得特别好，语速适中，而且以一种叙事的感觉穿插进很多精妙的细节，转场自然流畅，很多细节都是精心设计过的。整个视频如行云流水，台词和内容呼应得特别好，蕴含产品公司的创作理念，发展历程和产品的情怀。故事的流畅性和巧妙的镜头构图，最后再加上充满创意的何氏剪辑，三者合一，于是，一个个让人轻松看完的视频就诞生了。

下面介绍一下其爆火的几个短视频：

《有多快？5G在日常使用中的真实体验》：这个视频的主要内容是何同学使用OPPO renno 5G手机在有5G信号的北京邮电大学测网速的过程，通过手机屏幕的显示，5G的平均下载速度在700Mbps左右，上传的速度在80Mbps左右，几乎是4G速度的10倍。5G的体验有两点感受：一是用起来真的爽，极大地优化了网络体验；二是云存储一定是趋势，最快的下载速度有90M/S，这么快的速度，将视频保存在本地看，还是上传到云端看，几乎没有区别，还节省了本地空间。测试完5G的网速，视频的最后何同学还提出了对5G用途的思考，目前只感受到了5G速度的变化，未来会发生什么谁也说不清楚，毕竟人类对未来的预测都跳脱不出当下技术和思维的限制。何同学的这个短视频通过"实地测试"吸引了观看者。当时虽然5G炒得火热，但5G网络还没有普及，许多人想知道5G网络到底能快到什么程度，在这种好奇心的驱使下，都愿意看这种实地测试的视频。何同学正是抓住了这一点，答疑解惑，普及科技知识，做出了火爆的短视频。

《和苹果CEO库克的采访》：这条视频让不少人感叹，"人家22岁采访苹果CEO，而我22岁在干吗？"视频中，何同学向苹果CEO提出了很多问题，其中一个问题令人印象深刻：每年打造一款新产品一定压力很大，苹果是如何做到持续创新的？"而库克就这个问题做出了回答："这大概得益于苹果创造性的文化和鼓励不同员工从不同的角度观察世界，为了设计出优秀的产品这个共同目标而不懈努力。"何同学的这个短视频的最大爆点有两个：一个是"苹果CEO"，另一个是"采访"。在科技领域，"苹果"绝对是热点，对大名鼎鼎的苹果CEO进行采访，是谁都想点开视频看看过程是怎样的。这样的短视频能不爆吗？

《我毕业了》：这期视频是何同学为了给自己的本科生涯画上圆满的句号而做的一期毕业视频。在视频中，学校的上空闪现了"毕业快乐"的星空点阵图，这是送给自己最好的毕业礼物。看到何同学的毕业礼物，不禁让广大毕业生酸了，也感叹科技的魅力。对于毕业时刻，许多人都印象深刻，而且每到这时候，各种极具创意的毕业活动，很是吸引人。何同学正是抓住了这一时机，加上高超的视频剪辑技术，让视频在平台上火了起来。

如果你喜欢研究新科技，不管是小窍门、数码测评，还是技术编程都可以尝试做一个科技博主，将智慧播撒人间。

宠物类：喜爱宠物，养有宠物

宠物类短视频是一个大类，也是一个热门的领域。喜欢观看这类短视频的人非常多，毕竟对于"萌""可爱""有趣"的小动物，人们从心底里喜爱。如果你有可爱的宠物，想将它的日常生活分享到社交平台上，就可以做宠物类短视频账号运营。

抖音号"会说话的刘二豆"在抖音上拥有3 000多万粉丝，粉丝量排名第二，置顶的视频中一个点赞量高达1 116.9万，其他两个的点赞量分别为899.8万、434.5万。那么，"会说话的刘二豆"究竟是怎样的一个抖音号呢？其实"会说话的刘二豆"是两只猫，一个名为"刘二豆"，另一个名为"瓜子"，视频中以这两只猫为主人公，猫的动作神态配以剧情，使得视频整体风格搞笑幽默，特别吸引用户。

它的妈妈（主人）会给刘二豆配音，视频里二豆妈幽默风趣的语言，添加到动物身上，博得了大家的喜爱，有时候因为台词与猫的嘴型和神态契合度很高，让人误以为这猫真的会说话。视频都是两只猫（刘二豆和瓜子）的生活日常，结合她创意的搞笑剧情台词，一人分饰三角的配音，为我们展现了极具渲染力的视频。于是，一只会说话的刘二豆，成为最受大家喜爱的萌宠了。

刘二豆和瓜子在抖音上非常有名，它们就是因为可爱而被广大用户喜欢，一度成为抖音上粉丝最多的网红，在2019年最受欢迎短视频账号排名第一位，各路有才艺的小哥哥小姐姐都被它们比下去了。刘二豆和瓜子都是折耳英国短毛猫，二豆妈真的很爱这两个宝贝，把它们照顾得既漂亮又健康，还给大家带来了这么多的欢乐和笑点，一定是个非常热爱生活的女生。

虽然"会说话的刘二豆"短视频的主人公是两只猫咪，但该短视频号能爆火的原因，主要在二豆妈妈神奇的脑洞，将宠物的一些动作表情进行联想和搭配，使得本来平淡无奇的生活场景变得生动、剧情化。毕竟剧情有趣才是吸引用户并留住用户的关键所在。如果你有宠物，想做萌宠类短视频，可以借鉴"会说话的刘二豆"的视频。

时尚美妆类：有颜，有美妆技术，爱分享

定位于时尚美妆类的短视频，博主一般是女性，而且是皮肤好、长得漂亮、化妆技术高超的女性。如果博主自己的妆容都一塌糊涂，那么她分享的东西如何能获得观看者的信任呢？

在时尚美妆领域，也可以延伸，进行独特的定位，做与化妆相关的情景剧类短视频。只要策划好，这类短视频也容易做起来。

在大家的印象中，提起美妆类短视频，我们想的是教人们如何化妆、如何选择化妆品，而快手号"叶公子ye"却另辟蹊径，采用剧情类美妆短视频这种全新

的表现形式，通过带有反转情节的剧情传达女性要自立、自强的态度，告诉观众的是女孩子必须要自己强大起来，面对别人的恶意不要忍气吞声，而要敢于反抗。

"叶公子 ye"账号采用"姓氏+特征联想词"组合方式，具有很强的辨识度，有利于加强用户对该账号的认识。"公子"两个字本来是形容男士，容易给用户一个常识印象，而实际上该账号的主人公却是一位称作"叶子"的女士，账号名称和实际的主人公性别形成的强烈反差，增强了账号的辨识度。此外，"叶公子 ye"账号简介中写道："一个霸气！帅气！时而孩子气的美妆总裁博主"，简明地表明了自己定位于美妆领域，介绍中还说"文能怒宠闺蜜！随机撒糖！武可锤阿豪"，暗示出自己做剧情类美妆短视频的与众不同，还交代了其他两位主人公，"闺蜜""阿豪"。短视频中展现的是主人公"叶子"精致、帅气的外表形象，以及正直独立、干练的行事风格。

"叶公子 ye"的短视频剧情主要有三类，即情感励志类、霸气女高管类、维护朋友类。

情感励志类

例如，一条标题为《前男友处处打压我，叶公子会反抗么》的短视频爆火了，其剧情主要内容为男朋友因为叶子不会打扮，啥都不会而提出分手，叶子通过化妆变得霸气、干练，成为网红，还遇到了满眼都是她的男朋友，最后说出了一句真理——"哪个女生在喜欢的人眼里不是闪闪发光的天使呢！"

霸气女高管类

例如，一条标题为《同事嫉妒前来挑战，叶公子会如何打脸》的短视频其内容是同事不满叶子来公司时间短，学历也不出彩，却升职很快，于是提出质疑。老板通过一个策划案的 PK，让其他同事认识到叶子考虑事情周全、细致入微的优势，也佩服她的领导力。

维护朋友类

《世间美好与你环环相扣，愿大家被在乎的人温柔以待》，看到这个标题，立马有点进视频的冲动，这是一句多么温暖的话呀！在你难过、失意时，是闺蜜陪伴你走过，叶公子就是一个非常好的朋友，她照顾与男友闹矛盾的闺蜜，给她带来了很多温暖。

　　这么一个别开生面的美妆类短视频博主很少见，如果你对时尚美妆有研究，则可以运营时尚美妆类短视频账号，在分享知识的同时也可以增加自己的收入。

第 4 章

内容策划：
创意 + 实用 + 共鸣

在创作短视频时，内容的框架是非常重要的。你想要通过作品表达什么？它的中心思想是什么？这些都是主创者要去考虑的。如果你的作品缺少清晰的逻辑框架，让观众看得云里雾里的，观众根本不会给你点赞，更不会成为你的粉丝。所以，你必须把你的短视频作品逻辑化、列表化、步骤化，只有这样，观众才更容易理解你的作品。

内容关键词 1：有创意

在短视频的创作过程中，最重要的一环就是内容策划。只有优质的内容输出，才能真正获得人们的喜爱。短视频没有好的内容，其他做得再好也是枉然。而要策划好的内容，创意是重中之重。

提起短视频的创意，不得不说说"黑脸 V"这个号，因为它的短视频风格就是以创意著称，视频内容离奇古怪，真的是创意类视频杰出的代表，被称为技术流第一人。他以从不显露真容、出乎意料的视频创意和厉害的剪辑手法著称，在抖音平台上拥有 2 432 万粉丝，播放量破亿，总点赞数 1.5 亿，是抖音平台的超级明星。这也可以看得出抖音用户对纯技术流玩家的钟爱。

那么，一个好的创意需要什么呢？

第一，长期观察。生活无处不创意，要走出去，见更多的人，见更多的事，见更多的风景。

第二，减少操作，回归简单。找到创意的核心，用简单易懂的东西替换复杂的东西，精炼地表达出来。

第三，坚持创新。一个创意好不好，评判标准就是能否吸引他人的注意，而想要吸引他人注意就要持续创新，打破对方的预期，让人眼前一亮。

在"黑脸 V"的视频中，有一个视频让人印象深刻，其标题为《这一拳，是白衣天使的力量。相信他们很快就能战胜这场仗。致敬！加油！平安！》视频的内容是，病毒打了黑脸V一拳，黑脸V倒下之前被几位白衣天使拖住，给予力量，黑脸V回击病毒，一拳把病毒打得粉碎。这个视频虽然没有过多的文案修饰，却极具深意，代表了新冠肺炎疫情期间，人们在医生的支持下，与病魔做斗争的全过程。这个视频就是围绕"抗疫"这个热点，以极具创意的形式，表现人们与病毒之间的"战争"。

"黑脸V"还有一个视频，内容策划是这样的：在世界地球日4月22日那一天，黑脸V来到一个污染严重的河流旁边，蹲下捡起河边的垃圾袋，一时间天空变得明亮起来，河流变得清澈起来。短短几秒，呼吁大家爱护环境，将"爱护环境，人人有责"的道理讲得非常清楚。这给做短视频运营的人们一个重要启示，一个好的短视频除了博人一乐，还要有指导意义、有价值、有能量。

"黑脸V"的视频短小精悍，个个都非常有创意，非常吸引人，毕竟短视频最终要达到的目的就是说服用户为自己点赞，而创意会使说服的过程更有趣，更有感染力和冲击力。

内容关键词2：高颜值

短视频内容策划有一个很重要的点，那就是高颜值，因为爱美之心，人皆有之。漂亮的主角，是吸引人点开视频观看的利器。拥有高颜值，就拥有了做真人出镜类短视频的天然优势。

这类短视频以明星、网红为主，首先他们的颜值普遍很高，或者是长得很有特点，辨识度高，再加上很高的知名度，只要在短视频运营平台露脸，就会赢得众多粉丝的喜爱，还可以通过直播带货的方式增加收入。

毛晓彤：她是一个集颜值、舞蹈、演技于一身全能演员，抖音上拥有1600多万粉丝，是个很受欢迎的流量小花。毛晓彤的抖音视频以分享日常生活为主，也不乏商业广告宣传。其中最吸睛的是一个她跟着电视跳舞的视频，透过视频可以看到她甜美的笑容、超美的颜值、傲人的身材和精彩的舞姿，真是集优点于一体。这个视频获得了 2.6 万的点赞。好多网友直呼"太漂亮啦""身材太好啦"。

灿儿：与上面这个短视频账号主体不同，灿儿是一个纯粹的网红，靠颜值吸粉，她的视频没有文案、没有剧情、没有才艺，完全靠自己的颜值，也能吸引不少粉丝。

如果你有上天赐予的高颜值，那么在短视频内容策划时，就要围绕这个亮点做文章。

内容关键词 3：萌

短视频内容策划还可以抓住"萌"这个关键词做文章。以"萌"为主题的短视频，受众群体非常广，几乎覆盖了全年龄段。萌娃、萌宠类的短视频，只要足够"萌"，点赞、评论量都很高。

下面，我们来看看一个叫"朱两只吖"的短视频账号。其主人公"籼籼"就是"萌"的典型代表。

看到"朱两只吖"的视频，你就会知道人类幼崽可以有多可爱，仅靠拍摄日常就能收获超两千万粉丝。如果你是一个宝妈，有调皮可爱的宝宝，可以分享日常生活趣事赢得用户的喜爱。在萌娃类短视频中，"朱两只吖"无疑是相当成功的，通过记录籼籼大宝和二宝的日常生活，妈妈主持正义，爸爸和稀泥，吸引了一大波粉丝。

籼籼是一个 2017 年出生的天蝎座宝宝，东北小妞，她还有个被叫二胖的处女座妹妹。2020年3月，凭借一条父女情破裂的短视频，不仅收获了过百万的点赞，也让这个唱着《桥边姑娘》的小天使，从此一炮走红，涨粉无数。籼籼是个天生的段子手，思路清晰，萌力十足，不仅经常因为买玩具和出去玩跟妈妈"大动干戈"，还是一个"坑爹"小能手，帮妈妈解锁爸爸手机，缴获老爸全部私房钱，嘴上维护爸爸，转身给妈妈管钱，每次坑完爸爸就默默撤退，被爸爸无奈地说这是件"漏风的小棉袄"，也被网友戏称为爸爸的"的确凉"。

纵观"朱两只吖"的视频，几乎每条视频点赞都到了200万，如此成绩离不开籼籼非同一般的坑爹攻略和萌到无敌的可爱样子。耳濡目染姐姐古灵精怪地与大人们斗智斗勇，二胖也有样学样地贡献了不少笑料，用喝完饮料的空袋子换了姐姐的苹果后马上逃离现场，让大自己22个月的姐姐感到深深的挫败。看到这两个萌娃出色的表现，网友们很是好奇，视频中的爸爸妈妈作为一对普通的夫妻，是如何让这个拥有二宝的家庭如此和睦有趣的呢？

从视频中可以看到籼籼的成长环境十分宽松，她和二胖从未被要求相互谦让，但她总能适时地照顾妹妹的感受。籼籼常常能语出惊人，萌态十足，这和爸爸妈妈满满的爱护不无关系。只有沐浴在父母爱的温情中的孩子，才能无忧无虑，放得开，不怯场，表现出萌的一面。

在抖音上，还有很多以"萌"为主的账号。比如，与"朱两只吖"在内容思路上比较相似的"博哥威武"。在这个账号的短视频中，兄弟二人凭借一口地道的东北话和兄弟俩之间的日常抬杠，广受抖音用户的欢迎。如果你家刚好有萌娃，可以考虑做像"朱两只吖"和"博哥威武"类的短视频，记录宝贝的日常生活。

内容关键词 4：干货

能够给予人们巨大帮助的知识、制作方法、技巧等实用性短视频，很受人们的青睐。这些实用性很强的短视频，是真正的干货，能够让人们获得非常有用的东西。

如果你具有创作这类短视频的条件，就完全可以围绕"实用"进行内容策划，如果再能融入一些很有创意的元素，就更能吸引观看者，让人们在娱乐的同时学习到对自己有用的东西。

比如，知识类短视频运营者，就可以利用课程、讲座等多种方法进行传播，为用户提供真正有效的知识培训，使得用户从中有所收获，从而拥有稳定的用户群体。

"傻瓜英语"通过卡通人物形象之间的对话来完成对单词内容的讲解，教用户用汉字谐音法掌握单词发音，是一个非常实用的幼儿短视频账号。"傻瓜英语"每天都会发布一个英语单词的讲解短视频，这些短视频的时长都不会超过 40 秒，让用户在最短的时间内记住一个单词。这种记忆英语单词的技巧，对于幼儿学习英语很有帮助。

在其中一期视频中，农夫推着一车梨行走，落下了一颗梨在地上，小蚂蚁说它非常幸运，因为农夫落颗梨，从而引出单词"luckily"的读音为"落颗梨"，以后看到幸运，就会想起"落颗梨"，就会读这个单词了。这种情景记忆单词及发音的方法对小朋友简直太友好了，生动有趣，方便记忆。

还有一个短视频，在运动会上，一位队员准备起跑时，摔了一跤，膝盖破皮了，让孩子们根据"准备中破皮"，记忆单词准备"prepare"，这种联想教学法让孩子们记忆单词不再枯燥。

"傻瓜英语"中从天而降的大傻老师，配合的同学们，搭配经典的情景剧，一幅幅生动的画面组成了整个视频，使用户在每天学习新单词的同时，又不感到枯燥乏味。"傻瓜英语"通过这种特殊的教学方式吸引了不少用户的关注，很多用户都是通过该账号发布的短视频对英语产生浓厚兴趣的，于是开始持续关注"傻瓜英语"。

如果你有任何方面的实用技能，又有一颗爱分享的心，就可以运营一个输出"干货"的短视频账号，分享实用知识和技巧，实现你和用户的双赢。

内容关键词5：绝技

让人惊叹的绝技，总能吸引人们的眼球。拥有某项绝技，是你得天独厚的优势。拍摄这类短视频，就能轻而易举地获得大量的粉丝，迅速把账号做起来。

绝技类的短视频内容策划比较简单，因为这种独特性就是最大的看点，对观看者的吸引力度很大。就是在日常生活中，有人表现绝活，围观的人都非常多，里三层外三层，围得水泄不通；何况在传播范围更大和传播速度更快的互联网平台上，观看这类短视频的人就更多了。

需要注意的是，做绝技类的短视频，想要积累大量的铁粉，就需要在绝技表演方面玩出一些花样，避免用户出现审美疲劳。

抖音上有一个名叫"123纸飞机"的短视频账号，其创作者就是折纸飞机的爱好者，通过看他的视频你可以了解多种型号的飞机。"123纸飞机"抖音号拥有228.9万粉丝，作品476个，点赞数为803.8万。该抖音账号的主页面，都是纸飞机模型。

2021年2月，该账号一个标题为《看纸飞机大师如何用回旋纸飞机洗刷主持人柯南》的视频突然爆火，点赞量23.6万，评论量4 328条，这对于一个小众爱好类短视频来说，真是可观的数据。

这个视频展示的是回旋纸飞机这一绝技。视频开头是一个主持人的采访视频，视频中苏老师演示能飞回手里的回旋纸飞机，并配字"这只纸飞机能吹一辈子，非常好玩的一款纸飞机"。这样的演示加说法无疑会引发用户的好奇心，能够有这样效果的纸飞机是怎么制作的呢？接着，视频分享了回旋纸飞机的具体折叠步骤教程，非常详细。最后，在多次测试中展示这种回旋纸飞机"飞出又飞回手里"的效果。

这个视频之所以能爆火，跟其特殊的纸飞机技巧有很大的关系，毕竟这种绝技光听就给人一种惊奇的感受。"123纸飞机"账号是以垂直领域展示绝技——折纸飞机作为核心输出点，持续输出高质量内容，逐渐积累了百万粉丝。

通过比较他的作品内容可以发现，这一系列视频有很明显的制作套路，即先展示某种特定类型纸飞机的飞翔效果，接着演示该类型纸飞机折叠教程，最后实际测试飞行，做结果论证，偶尔有些视频也会顺便科普纸飞机飞行知识。其视频布局风格也值得大家借鉴，顶部标题采用黄色字体，简单明了，直观地向用户展示了视频的主要内容。"123纸飞机"还开启了商品橱窗功能，主要售卖儿童书籍、玩具、办公文具等产品。数据显示，该账号直播带货量数据也非常可观。

"123纸飞机"账号的运营成功，无疑给了人们很大的信心，对于不知道从哪个领域入手的创作新手来说，可以考虑一下从垂直类小众爱好入手，既可以展示自己的绝技，还能获得精准粉丝，提高带货量。

内容关键词6：正能量

短视频内容策划的要点之一，就是要传播正能量，拍摄和制作积极向上、教人向善、维护公平正义的视频。其实，这也是短视频平台的规则要求。

传播和接收正能量才是流行短视频的"正确打开方式"。此前，抖音还曾发起以"奋斗吧，我的青春"为主题的小视频挑战赛，鼓励网友分享关于自己人生奋斗的故事。当下流行的许多短视频APP，是共享信息平台，同时也是宣传阵地，要弘扬正能量，担负起一定的社会责任。

那些宣扬正能量的短视频，更能获得平台的流量支持和观看者的青睐。比如"是德善呀-许凯"这个抖音账号。

抖音这样的大流量短视频平台，让我们有机会去挖掘生活中的善意，并将其传递出去。"是德善呀-许凯"就是这样传递美好故事的短视频账号，"是德善呀-许凯"的运营者是一个"90后"的小伙子，名叫许凯，坚持给边远地区的留守老人拍视频已经有10年了。最开始他是一个摄影师，拍了好多老人的照片，直到一次偶然的机会，他的朋友把他的行动拍了下来，发到抖音上，就这样火出了圈。他用陕西的方言和老人聊天，仿佛就是他们的家人晚辈，看到这样熟悉的场景，大家也被感动了，因为那好像自己的爷爷奶奶，很容易引起人们的共情。这些老人大多是陕西的留守老人，他们的子女好多出门务工了，也许他们需要的就是孩子的陪伴和通过照片接触这个时代。而许凯将这个善举，一做就做了十年，他好像替我们做了我们应该做的事情，我们的善意也被这个陌生的人激发出来。"是德善呀-许凯"拥有200多万粉丝，获得了2 000多万的点赞量。这个可观的数据让我们感觉到社会的温暖。

虽然也有人借着"正能量"的名义赚着昧良心的钱,但有更多的人在真正地做着善事,不求回报,身体力行。因为有了抖音这样的平台,他们的善良被大家看到,我们给他们点赞,帮助他们将善行发扬光大。我们相信"越善良,越幸运"。好人不一定有好报,但善良的人一定会被更多人爱。

看到许凯拍的视频,那些老人慈祥的面庞和开心的笑容,让人们在浮躁的社会中感受到了关爱的力量。只要你有爱,有一双善于发现的眼睛,你就会发现世界上充满了善意:早晨高升的太阳,清晨沁人心脾的空气,摊位上大妈多加了一块肉……都让你可以开心很久。让我们内心安定下来,去感受这个世界满满的善意,然后将它通过平台传递出去,温暖更多人。

第 5 章

拍摄：
掌握技巧，拍出高质量的短视频

对于非专业视频制作人士来说，想要用手机拍摄出可媲美摄像机拍摄质量、微电影视频呈现效果的视频，需要辅以合适的硬件和过硬的拍摄技法。本章将为读者重点介绍普通人仅凭一部智能手机如何拍出高质量的手机短视频。无论你是单纯记录点滴生活为自己留下一份回忆，还是想让自己拍摄的短视频冲上热门，这些手机拍摄知识与技巧都能让你如虎添翼。

短视频拍摄的重中之重：脚本撰写

脚本对于短视频创作来说非常重要，堪称短视频的"灵魂"。短视频运营者，通过制作拍摄脚本可以保证短视频的拍摄进度和方向，能够保证始终围绕预先设定的主题进行，提高短视频拍摄效率的同时还提高了与团队成员之间的沟通效率，也为后期剪辑节省了时间。

事实上，我们平时所看到的很多热门视频，在其拍摄过程中都需要脚本作为支撑。总的来说，短视频作品的脚本可以分为三种类型，分别是拍摄提纲、分镜头脚本和文学脚本。

拍摄提纲

拍摄提纲是整个剧本拍摄流程的概要，记录一些拍摄剧本时的拍摄要点，对拍摄内容起提示作用，适用于一些不好把控、不好预测的内容的拍摄。但需要注意的是，拍摄提纲要简练、灵活，不要对摄影师做出过多限制，保证摄影师在拍摄过程中可以自由发挥。一般情况下，有剧本的短视频的拍摄需要提前拟一下拍摄提纲。

分镜头脚本

如果这些短视频的故事性非常强，就要用到分镜头脚本，这是短视频拍摄最常用的脚本类型。

分镜头脚本比较具体，描绘了单个镜头的具体细节，脚本文字和画面几乎是一一对应的，涵盖的内容很多，比如画面内容、拍摄技巧、拍摄时间、机位、需要加的特效等。分镜头脚本的本质是可视化影像，可以在短视频拍摄过程中最大限度地保留创作者的初衷。短视频的时长非常短，只有几秒、几十秒，最长不超过5分钟，所以，分镜头脚本的撰写比不分镜头脚本对画面要求更高。要想在这么短的时间内呈现一个情节性、故事性都很强的内容，不是一件容易的事。所以，在撰写分镜头脚本时要注意严格把控时间，精心打磨每一个细节，用心设计好每一个镜头，从而保证拍摄出完整优质的视频。

文学脚本

虽然文学脚本不需要做过多的剧情引导，但需要创作者列出所有可能的拍摄思路，对各个拍摄场景、拍摄时间都需要做安排，这是与拍摄提纲、分镜头脚本的不同之处。文学脚本不需要像分镜头脚本那样细致，只需要规定短视频中人物需要做的任务、说的台词、拍摄时的机器、短视频整个的时长等。要想写出好的文学脚本，创作者需要注意以下几点：做好前期素材准备、确定具体的写作结构、为人物设定好性格和剧情、画面背景设置等。

对于以上三种短视频脚本的写作大致可以遵循以下三个步骤。

第一步：明确主题。

每个短视频都有想要表达的主题，比如为梦想奋斗的艰辛、情感中的两性关系、与朋友欢聚的喜悦、旅行中遇到的美好风景等。在撰写短视频脚本时，必须先确定主题，围绕这个主题开展接下来的所有工作。

第二步：搭建故事框架。

明确短视频主题之后，短视频创作者接下来的任务就是搭建故事框架，通过故事的起因、经过、结果导一个契合主题的故事，通过这个故事来表达主题。在短视频制作的过程中，创作者要设定好人物、角色、场景与事件。例如，如果短视频的主题是为了展示异地恋的不容易，场景设计可以是一个与男友分处两地的女孩难过时独自哭泣，而身在外地的男友只能干着急，无法及时赶到女孩身边给她一个温暖的拥抱。短视频创作者可以设计这样的情节与冲突来凸显主题，呈现动人的故事，让更多同样情况的异地恋男女感同身受。

第三步：补充细节。

细节决定成败，这句话放在短视频领域也非常适用。一个短视频的主题和剧情是由大纲决定的，相同故事的短视频内容质量的好坏很大程度上就在于细节是否精致。做好细节的处理，可以让角色更加立体，更容易调动观看者的情绪，获取观众的理解，引起共鸣。具体需要考虑使用何种镜头呈现，对应需要怎样的短视频脚本等，确定好拍摄短视频的每一处细节。

短视频常用的两种拍摄方式

短视频创作者在拍摄短视频时经常用到的两种拍摄方式为景别和景深，它们能够提升画面空间的表现力。需要重点注意的是，景别和景深是两个不同的概念，景别是被拍摄主体在画面中呈现的范围或称广度，景深指的是主体在整个画面空间上的深度范围。景别和景深的运用，对画面的观感效果提升有很大的效果。

景别：不同的空间表现形式

景别具体是指由于摄像机与被摄主体之间的距离不同，使得人物或景色在视频画面中的呈现范围大小不同而造成的现象。景别有助于摄像师在拍摄时进行画面构图，一般将景别分为以下五种，分别为远景、中景、近景、全景和特写。

远景是指摄像师在拍摄时，距离人物、景物、动物等主体有一定的距离，目的在于表现广阔、深远的画面氛围。远景重在渲染气氛，常用于介绍背景环境、揭示人物的处境或者表现一定的意境。

中景是指拍摄位置大概为人物膝盖以上的部分或者局部环境的画面。中景扩大了主体和画面的范围，拉近了视频内容与用户的距离。中景的拍摄刚好既能表现出人物的表情，又能展示出人物活动的环境，具有较强的叙事功能。但与全景相比，中景画面中人物的活动范围有所变小，因为中景的重点在于人物上身的动作。如果摄像师拍摄其他物体，则需要保留被拍物体的大半部分。

近景是指拍摄人物胸部以上或者物体局部面貌的画面。近景常被用来细致地表现人物的面部表情神态和情绪，它是刻画人物性格的主要景别之一。

全景是指将拍摄范围在有限的范围内无限放大，拍摄人物全身或者景色全貌的画面，体现场景和人物的全面性，多用于塑造人物形象和交代场景。全景能全面阐释人物与环境之间的实际动作、表情相貌，也可以在某种程度上表现人物的内心活动。需要注意的是，如果摄像师拍摄物体，需要保留物体外部轮廓的完整，但不要有太多的空白画面。

特写是指拍摄人物某个部位或者物体某个局部的特定镜头。特写比近景更加接近观众，具有很强的呈现人物心理变化的作用。一些特写还具有某种象征意义，从视觉效果上彰显被拍摄主体的重要性。

不同的景别可以表现不同的画面节奏和主次关系。景别的变化首先带来的是观众视觉感官的变化，能够满足观众从不同视角全面观看视频内容的心理要求；景别的变化还能够实现画面节奏变化；景别的变化还能使画面具有更加明确的指向。

景深：控制画面的层次变化

景深是指被拍摄主体在纵深领域的呈现范围，也就是说，以聚焦点为衡量标准，聚焦点前的"景物清晰"距离加上聚焦点后的"景物清晰"距离就是景深。

景深按照表现被拍摄主体的层次感分为深景深和浅景深。深景深的背景清晰，浅景深的背景模糊。不管是深景深还是浅景深都在一定程度上增强了画面的纵深感和空间感。深景深能够起到交代环境的作用，能够表现被拍摄主体与周围的环境、光线、色彩等之间的微妙关系。摄像师在拍摄风光、建筑等大场景时，可以采用深景深，方便更好地展现画面的细节和细腻的层次感。如果使用浅景深，就可以有效地突出被拍摄主体。一般在拍摄近景和特写画面时，会采用浅景深，这样能够将被拍摄主体和背景画面剥离开来，只有主体突出、营造良好的画面感才能锁定观众的目光。

影响景深的因素主要有三个，分别是光圈、焦距和拍摄距离，三者中二者固定的前提下，光圈越小，景深越大；焦距越短，景深越大；拍摄距离越远，景深越大。摄像师在使用深景深时，需要缩小光圈和焦距，增大拍摄距离；使用浅景深时，需要增大光圈和焦距，减小拍摄距离。根据拍摄距离的需要，做出恰当的调整，完成高质量的视频拍摄。

短视频拍摄的三个角度

拍摄角度是指摄像机从被拍摄主体不同的方向、位置着手拍摄，从而达到丰富人物形象、展现人物性格、烘托环境氛围的目的。拍摄角度分为平角度、仰角度和俯角度。

平角度

采用平角度拍摄时，摄像机镜头与被拍摄的主体处于同一水平线上，使拍摄的视频中的人物具有平稳的效果，非常符合观众的观看习惯。平角度拍摄是一种"纪实"角度，可以展示人物和环境的真实面貌。如果摄像师采用平角度拍摄，被拍摄主体不易产生变形，比较适合拍摄人物近景。同时如果追求画面构图平稳与普通的透视效果，使用平角度拍摄也比较合适。但是有一点，摄像师采用平角度拍摄时，前后景物容易重叠遮挡，难以展现大纵深的景物和空间层次。

仰角度

仰角度是指镜头与被拍摄主体之间呈现一个仰视的角度。摄像师采用仰角度拍摄时，摄像机镜头处于人眼水平线以下的位置，被拍摄主体有立马被放大的感觉。在仰角度镜头下，前景升高、后景降低，有时前景把后景完全遮挡住了。

采用仰角度拍摄的画面主体通常显得不同凡响，主要人物、景物十分震撼，极具威胁性，富有征服感。因为采用仰角度拍摄垂直线条的被摄主体时，线条向上汇聚，能够产生高大雄伟的视觉效果。

俯角度

采用俯角度拍摄时，摄像机镜头高于被摄主体，就像长得高的人低头俯视长得矮的人一样。俯角度拍摄视频内容主体，摄像师从高向低拍摄，可以拍摄到主体正面、侧面和顶面三个面，增强了被拍摄主体的立体感和平面景物的透视感。

与仰角度不同，在俯角度镜头下，离镜头近的景物降低，离镜头远的景物反而升高，从而展示了开阔的视野，增加了空间深度。当视频内容为展示场景内的景物层次、规模，表现整体气氛和宏大的气势时，采用俯角度拍摄效果更佳。采用俯角度拍摄人物时，拍摄出来的画面效果往往具有较强的视觉冲击力。用智能手机进行俯视拍摄时，建议打开相机中的广角镜头，因为广角镜头的视角比较大，会进一步增强画面感。

如何在不同天气、光位拍出好视频

在短视频拍摄的过程中，天气是非常重要的一个因素，它影响着拍摄的光线。而光线不仅能够照亮环境，还能通过不同的强度、色彩和角度等来呈现场景，影响短视频画面的呈现效果。因此，摄像师在拍摄时要注意选好天气，从而对光线有一个好的运用，进而更好地完成短视频的拍摄工作。

光具有很重要的表达效果，有些光是硬的、刺目的、聚集的、直接的，有些光是软的、柔和的、散射的、间接的。在短视频拍摄中，光能够影响被拍摄主体的呈现色彩、形状、美感、空间感。摄像师要对各种光加以分析，才能更好地了解光、运用光，才能在短视频拍摄时发挥光的作用，更好地突出被拍摄主体。

我们先讲述不同天气如何拍摄好视频。

晴天的阳光

晴天的阳光是强烈的直射光，是一种硬质光，类似的强光还有闪光灯、照明灯光等，它们对被拍摄主体有很大的影响，可以造成明暗对比强烈的效果。被拍摄主体在晴天的硬质光的照射下，有受光面和背光面，在背光面会产生清晰厚重的影子。摄像师在需要拍摄有明显对比、清晰轮廓的主体画面时，可以选择在晴天的阳光下拍摄。同时，晴天的光线充足，拍摄的人物、景物画面会有很大的饱和度。

阴雨天的光

阴雨天的光没有聚集性，是一种漫散射性质的光，属于软质光。被拍摄主体处于阴雨天的环境中时，视频画面没有明显的受光面、背光面和视觉上明暗的反差效果。类似的灯光还有添加柔光罩的灯光、大雾笼罩下的光等。摄像师利用这种光线拍摄时，能够将主体细腻且丰富的质感和层次表现出来，但可能色彩上比较灰暗。在实际拍摄时，摄像师可以在画面中制造一些颜色鲜艳的画面使效果更加生动。

除了自然条件，光位的设计也能造就不一样的画面主体。光位是指光源相对于被拍摄主体的位置，即光线的方向与角度。同一被拍摄主体在不同光位下会产生不同的明暗效果。常见的光位主要有顺光、逆光、侧光、顶光与底光等。

顺光，也称正面光或前光。摄像师在利用顺光拍摄主体时，视频画面中前后物体的亮度一样，不会造成特别明显的亮暗反差，被拍主体无论是朝向镜头的一面还是阴影部分都受到均匀的光照，几乎没有阴影。顺光拍摄的好处是能够真实地再现被拍摄主体的色彩，在拍摄人物时，不会显得特别突兀，起到自然、平滑过渡的画面效果；在拍摄风景时，呈现清新淡雅柔和的画面。

逆光或者背光，是指在光源的反方向拍摄画面主体，其光源所在位置为主体的后方、镜头的前方，有时镜头、被拍摄主体、光源三者几乎在一条直线上。逆光拍摄能够清晰地勾勒出被拍摄主体的轮廓形状，照亮部分与没照亮部分形成明暗鲜明的对比，形成轮廓光或剪影的效果。逆光拍摄突出表现了人物或事物的轮廓特征，将人物与背景、景物与景物区分开来，给人一种立体感，能够产生造型优美、轮廓清晰、生动活泼、影调丰富的画面效果。

摄像师在采用逆光拍摄时，需要注意拍摄时间的选择、主体人物的选择，还要考虑是否需要使用辅助光等。

侧光，是指从被拍摄主体侧方位进行拍摄，能够在被拍摄主体表面形成明显的受光面、阴影和投影，表现出被拍摄主体的立体形态和表面质感。摄像师在利用侧光拍摄时，可以将光线打在人物的侧脸上，表现人物情绪。不同的侧光角度，可以突出强调被拍摄主体的不同部位，表现出人物的不同情绪。

摄像师拍摄短视频时，可以根据需要达到的画面效果采用不同的侧光拍摄，侧光可以单独使用，也可以作为辅助光使用。

顶光和底光，这两个是比较特殊光位的光线，顶光是指从被拍摄主体上方投射下来的光线，通常用于反映被拍摄主体的特殊精神面貌，如憔悴、缺少活力的状态。底光与顶光相反，是指从被拍摄主体下方向上投射的光线。

短视频拍摄者在不同的天气和不同的光位，需要遵循以上的拍摄方法，才能拍摄出更好的短视频。

各种"特效"的拍摄

在电影发展过程中，为了更好地呈现影片效果，同时降低拍摄成本，便设计出了特效技术。随着技术的日趋成熟，特效已经成为好莱坞电影的标配。特效给影片添加超现实的效果，在影片中发挥了非常关键的作用。特效制作的范围非常广，可分为三维特效与合成特效两大部分。三维特效包括建模、材质、动画、灯光、渲染五个步骤；合成特效包括抠像、擦除威亚、调色、合成、汇景五个步骤。

对于短视频运营者来说，对特效的要求没有像好莱坞电影那么高，所以不需要花费高额费用和过多的时间来添加特效，但可以学会使用一些基本特效，增强短视频的感染力。一些特效运用得好的话，会给短视频增添很多色彩，对短视频的传播非常有帮助。

常见的短视频特效制作方法主要包括以下四种。

瞬间移动

在短视频作品中，瞬间移动是一个非常常用的特效。那么，在短视频制作过程中如何利用瞬间移动特效实现画面效果呢？像好莱坞等大电影的专业特效师可能会逐帧拍摄，但对缺乏专业设备的短视频创作者来说，这种方法很难实现。我们可以利用软件自带的特效实现这个效果。比如，我们在剪辑视频时可以利用剪映上的特效模块，选中画面加上特效功能就实现了。虽然没有电影级特效那么完美，但对于短视频运营者拍日常的作品来说，已经足够了。

瞬间消失

制作瞬间消失特效与制作瞬间移动的特效一样，短视频运营者拍摄完素材后，将素材导入视频剪辑软件，比如剪映，将时间线固定在人物尚未消失的镜头，然后用软件自带的拆分工具进行拆分。之后，在人物离开镜头处再点击拆分，接着将其中相同的镜头删除即可。当然，删除中间镜头后可能出现镜头衔接不好的问题，为了视频画面的流畅度需要在衔接处添加一个过渡效果。

乱入

短视频乱入特效是指一个画面中出现了不应该出现的事物，这种特效会给人一种惊讶感和错落感，比如数千万年前的恐龙出现在了办公室，人穿越到了古代，突然一下来到南极洲、北冰洋，又或者从天而降等。那么，这种特效是怎么实现的呢？短视频运营者可以借助软件"神奇AR"来实现这个效果。打开软件，选择需要乱入的角色和背景，选择乱入特效，即可生成，方便快捷，效果不错。

老电影特效

老电影特效泛指怀旧风格的特效，将现代社会的人、物放到原始情景里面，晃动的光影、斑驳的画面很容易引发观众的联想与想象，勾起观众儿时的回忆。这种特效通过一种代入感引起观众的情感共鸣，从而加深对短视频的印象。目前，市面上很多视频剪辑软件都可以为短视频添加老电影特效。以快剪辑为例，短视频运营者在该软件中打开素材后，需要先将素材导入编辑处，然后在视频滤镜选项中选择老电影效果，即可产生老电影的特效。如果觉得特效过亮或过暗，可以通过视频剪辑软件编辑下方调整信息面板中的效果参数，来进行逐一的调整。

短视频特效在制作过程中需要注意以下四点。

一是画面色彩。尽量避免在短视频画面中使用纯白色、纯黑色等特别突出显示的颜色,可以使用非常暗的蓝色、红色来让画面色彩更加协调。注意不要太过黑暗或亮度太高。

二是构图。在短视频中,要多使用不对称构图,需要从衔接、剪辑等多角度考虑。一些想要展现权威、力量、严肃的场景可以使用单画面构图,突出庄严肃穆感。其他短视频内容应尽可能地使用不对称构图,不过度依赖单画面构图。同时需要注意的是,短视频创作者在构图时,不应只考虑呈现在相机屏幕上的那部分内容,而应该尝试时空变化、场景变化的立体构图方式。

三是光效。一般的短视频平台都对视频质量有要求,短视频中不应出现模糊、僵硬的光效,应该使用清晰、动态的光效,使得视频画面有更强的表现力。短视频运营者在制作光效时,虽然可以直接使用拍摄软件中的光效插件,但这种插件提供的光效效果有限,可能不能满足短视频内容的要求。针对这种情况,短视频运营者可利用专业软件来制作光效,比如在软件中建立多个图层,在合成图层时对亮度、颜色进行调整等。此外,创作者不应该滥用光效,否则会严重影响用户的观看体验。

四是控制色彩偏差。由于屏幕存在色彩偏差,短视频运营者使用电脑为短视频制作出的特效,可能在手机上的呈现效果并不理想。这就需要考虑到软件因素,比如有的短视频在电脑上播放看得很清楚,但如果在自我调节亮度低的手机上,观感就不足,这时候就需要将手机亮度调高。

拍摄时需要注意的事项

在短视频拍摄的过程中,我们还需要注意一些细节,例如要避免逆光拍摄、对焦要准确、围绕中心对象拍摄、注意拍摄环境、掌握视频拍摄时长、把握黄金三秒钟等。下面详细介绍一下具体的注意事项。

避免逆光拍摄

我们在拍摄短视频时，要顺着光线拍摄，把握好被拍摄主体与光线之间的位置关系，避免逆光拍摄。因为如果在逆光下拍摄短视频，容易使主体的色彩过暗或者阴影部分看不清楚。如果必须要在逆光条件下拍摄的话，一定要注意反光板的使用，逆光补偿功能可降低逆光光线的干扰。

对焦要准确

在拍摄短视频时，要把拍摄主体放在正中央，而且要进行对焦，避免光线分散。在自动对焦模式下，拍摄镜头会根据被拍摄主体反射回来的光线判断物体与镜头的距离是否合适，是否需要继续调整。如果镜头前的画面有影响焦距的因素，例如隔着玻璃、铁丝网等，就需要我们进行手动调节，找到适合拍摄主体与镜头间的对焦距离，以保证视频清晰。

围绕中心对象拍摄

在短视频拍摄过程中，我们需要围绕中心对象进行拍摄，尤其是在复杂的拍摄环境中，中心对象的行为、言语和情绪变化构成了短视频作品的逻辑主线。其他陪衬主角的人物言行、动作要酌情递减，不要喧宾夺主。

注意拍摄环境

我们在拍摄时要尽量选择稳定的拍摄环境，将手机用支架固定住，有利于拍摄画面的稳定，同时提高我们的拍摄效率。在拍摄欢快的故事情节时需要找明亮、色彩鲜艳的环境；在拍摄悲伤、低沉的画面时需要找暗淡、萧条的环境。

掌握视频拍摄时长

短视频都有一定的时长限制。如果镜头的时间太短，故事情节就不能展现完整。如果一个镜头时间太长，会显得枯燥无聊，让人乏味。因此，要注意短视频的镜头拍摄时长，在拍摄素材前仔细斟酌每个镜头的停留时长。

把握黄金三秒钟

在快节奏生活的时代里，每个人内心多少存在一些焦虑，催生了短视频的发展，短视频的用户浏览视频时停留的时间比较短。短视频作品存在一个定律："开篇 3 秒内定生死"。如果一个短视频作品在 3 秒或者 3 秒以内无法吸引观众的话，绝大多数用户就会下划手机屏幕，转而浏览下一个视频。所以视频开始的"黄金三秒钟"要足够精彩，才能留住观众。

第 6 章

剪辑润色：
短视频需要"精心打扮"

剪辑是通过镜头的组合进行场面建构的过程，并不只是简单地将素材拼接起来就行。剪辑是个技术活，短视频的片头片尾特效、片子的调色、BMG搭配、字幕特效的使用等都是需要我们去扩充和学习的。有目的地运用剪辑不但可以引导观众的情绪，更能激发观众的特定情绪。只有当我们能够熟练运用各种剪辑手法并独立完成具有审美意义的作品时，才算真正学会了剪辑。

熟悉短视频剪辑软件

短视频在拍摄完素材后，就需要进行剪辑润色。短视频的剪辑软件比较多，下面介绍几种比较主流的软件。

快剪辑

快前辑是一款入门级短视频剪辑软件，是国内首款 PC 端免费的在线视频剪辑软件。快剪辑和其他剪辑软件相比，操作简单，容易上手，功能齐全，永久免费，即使是第一次接触视频剪辑的用户也能轻易操作，适合对视频制作需求不高的用户使用。下面，我们来详细介绍一下这款软件。

快剪辑支持用户上传本地素材和网络素材，能够为用户提供各种类型的音乐及音效，同时支持风景、美食、胶片、电影、人像等 50 多种滤镜，支持综艺、VLOG、资讯等字幕形式添加和擦除、溶解、推入、交融等转场方式。画中画也是一个比较优秀的功能，可以在一个素材上再添加一个素材，相当于增加了一条时间轨，使功能变得更加强大。

视频编辑的基础设置中除了变速、分割、删除外，还支持裁剪、贴图、标记、二维码、马赛克等功能。

另外，快剪辑与其他视频剪辑软件相比，还有取消片头片尾及去掉软件水印的功能，并且可以根据需要自己在软件中 DIY 并添加水印。

快剪辑软件的推出大大降低了短视频制作门槛，其功能齐全、操作便捷，使用户能够简单快速完成并分享自己的作品，博得了用户的喜爱。

爱剪辑

爱剪辑和快剪辑基础功能相同，操作页面也大致一样，比较简单，功能齐全，对硬件要求低，比较适合新手使用。不过它有一个明显的缺点，就是使用该软件生成的视频会自动在片头、片尾添加"爱剪辑"的 LOGO，对用户体验造成一定的负面影响。

剪映

剪映是抖音官方推出的一款手机视频编辑应用。主要功能包括：视频剪辑、变速、多样滤镜效果，以及丰富的曲库资源。并且同时支持 iOS 系统和 Android 系统。作为当下最火的短视频 APP 抖音的兄弟软件，剪映里面视频模板众多，各种功能、玩法的更新速度也快，在有模板的前提下点击拍同款便可以一键制作出与爆款视频类似的效果。

会声会影

会声会影是一款家庭型影片剪辑软件，该软件比较适合做家庭电子相册、节日贺卡、写真纪录片、课件、宣传视频等。灵活性和易用性是会声会影软件最突出的特点，其他捕获、特效、字幕、配乐、转场等基本功能与其他视频软件类似。相较于其他软件，该软件操作难度中等，适合有视频剪辑经验的用户使用。如果短视频创作者想要做图片合集类的作品，可以了解一下这款软件。

PR（Adobe Premiere Pro）

相对来讲，PR 是一款非常专业的短视频剪辑软件，经过 Adobe 公司多年的完善，该软件已经非常成熟，功能多元、插件丰富，而且有很多实用创意模板，但对电脑的显卡、内存、处理器都有要求，而且操作规范化、细致化，需要短视频创作用户有一定的知识和技能，适合那些对短视频质量要求较高、有丰富视频剪辑经验的短视频创作者使用。另外，还有其他专业的短视频剪辑软件，如 EDIUS、DaVinci Resolve 等，这里就不逐一介绍了，这些剪辑软件功能强大、专业、全面，但并不适合当下日益流行的基于手机/平板随时随地的"轻创作"。

如何选择最适合的音乐

在短视频中，背景音乐是短视频的重要组成部分，它具有烘托氛围、带动情绪、引发共鸣、推动叙事等重要作用。优秀的背景音乐既能配合视频内容的情节发展，还具有自己的独特风格，是短视频不可缺少的部分。因此，为短视频选择合适的背景音乐非常重要。

那么，如何选择最合适的音乐呢？这个问题没有固定的答案，那就要看背景音乐与视频内容的属性、情感、节奏是否相符合，音乐能否烘托、渲染气氛，与作者想表达的情绪相关联。下面列举几个选择合适音乐时需要把握好的点。

画面匹配度

背景音乐首先应该和短视频画面调性一致，比如：在生活场景类短视频中，可以根据画面需要搭配或欢快或搞笑的音乐；在汽车类短视频中有很多汽车高速行驶的画面，为了体现汽车的速度，使用摇滚乐更为合适；在奇遇、探险类短视频中有很多惊悚、恐怖的画面，为了营造紧张的氛围，可以使用弦乐、电子合成类的音乐。

情感基调

每个短视频都有想要表达的特定主题及想要传达的情绪，这也决定了短视频的情感基调，比如轻松活泼、庄严肃穆、鬼畜风等。短视频背景音乐的选择必须结合短视频的情感基调，否则会让观众产生违和感，降低短视频的完播率。比如：风景类短视频的情感基调通常是轻松舒缓或大气磅礴的，可以选择古筝演奏的山水乐；生活美食类的情感基调是活泼愉悦的，可以选择快节奏的摇滚乐；在美食店、书店、时尚体验馆等清新文艺的生活类短视频中，可以使用清新活泼的民谣吉他、打击乐、尤克里里；在描述某个悲伤故事的短视频中，可以使用钢琴、大提琴演奏的缓慢音乐等。

风格

节奏强但音律强弱较为单一的音乐，经常出现在舞蹈类短视频中，有助于营造活泼的氛围，比如《草原最美的花》；音律强弱规律处于中等水平，具有流动性和节奏感的音乐，可以用于激烈、斗争的场合，如《斗牛士之歌》；整体风格恢宏大气、有较强气势与推动力效果的音乐，可以在企业宣传片中使用，有很好的表现效果，如《克罗地亚狂想曲》。

整体节奏

由于短视频主要借助背景音乐推动节奏和情绪，因此为了让背景音乐和视频内容有较高的契合度，短视频创作者在选择背景音乐时首先应该分析视频的整体节奏。当短视频的节奏与背景音乐匹配度越高，内容就越有表现力。

同时，需要提醒的是，创作者在为短视频选择背景音乐时需要注意以下两点。

第一，避免让背景音乐喧宾夺主。

背景音乐的作用是烘托气氛，表达情绪，协助突出视频内容，如果背景音乐存在感过强，则本末倒置了。在很多情况下要弱化背景音乐的存在感，例如在视频中的人物发言时，背景音乐不应影响听众掌握核心思想。背景音乐对于整个短视频起着画龙点睛的作用，背景音乐的最高境界就是让你感觉不到它的存在，如果背景音乐太有诱惑力，容易抢走观众的注意力，从而遮掩掉视频本身的光芒。

第二，避免侵权。

以前，我国音乐版权保护意识比较薄弱，音乐人维权成本高，导致很多人养成了免费使用音乐的习惯。近几年，我国版权保护体系不断完善，音乐人利用法律手段成功维权的案例大量涌现。有了国家法律的保护，短视频创作者在为短视频选择背景音乐时就需要更加注意。短视频创作者可以使用版权公开的免费音乐，这是没有风险的，但从 QQ 音乐、网易云音乐等音乐平台上付费下载的音乐，仅限个人收听，不能作为商用音乐授权。如果将下载的付费音乐用于商用就容易造成侵权。

如何给短视频添加字幕

字幕是指以文字形式呈现在短视频中的非影像内容。部分创作者认为给短视频添加字幕是一件非常麻烦的事情，需要耗费大量的时间与精力，而且有时添加的字幕还经常出现各种问题。其实，给短视频添加文字没有那么费事。我们除了使用视频剪辑软件的直接添加文本来添加字幕，还可以借助字幕添加工具。选择合适的短视频字幕添加工具会大幅度提高人们的工作效率，下面分享几款字幕添加工具，教大家如何使用短视频剪辑软件加字幕。

字幕通

字幕通是一款非常简单实用的短视频字幕添加工具，能将烦琐的视频字幕翻译制作工作最大限度的便捷化，成功实现从切分时间轴、字幕（语音）识别，到字幕翻译、校对，字幕特效制作及成品导出的一站式操作。字幕通界面简洁、功能齐全、方便好用，非常适合短视频新手使用。

短视频创作者通过字幕通的以下几个功能，可快速高质量地添加字幕。

字幕自动识别：字幕通能够对视频素材中的字幕进行识别，将原有图片帧中的文字转化成字幕。

语音自动识别：字幕通可自动对素材中的语音进行识别，并将其转化成文字，方便短视频运营者操作。

字幕编辑校对：字幕通提供字幕编辑框，可对字幕进行编辑校对，以便短视频创作者进行人工校对，尤其在自动识别字幕后可对识别有偏差的文字进行校对。

导入字幕：用户可使用字幕通将SRT文本字幕自动导入视频素材，方便短视频运营者随时编辑文本，随时导入。

快影

快影是一款可以对短视频进行快速编辑的视频编辑软件，能够对视频进行分割、修剪、旋转、倒放等剪辑，同时拥有智能语音识别功能，能快速识别视频中的对话并做出反应。快影支持两种字幕添加方式，一个是手动添加，另一个是自动添加。

自动添加：短视频运营者可将带有声音的素材导入快影。点击"字幕"选项，然后点击"自动识别"，即可将带语音的视频识别出字幕。为提高快影软件识别字幕的精准度，应尽可能提供普通话类型的素材。快影在自动识别的过程中，需要一定的识别时间，会在屏幕上方提示正在识别中，并清晰地显示进度，识别完成后，点击屏幕右上角的"完成"选项即可。

手动添加：除了自动生成字幕，短视频运营者还可以使用快影手动添加字幕，根据文案需要及时做出调整，通过滑动视频进度条，输出相应字幕。目前，快影支持调整字幕字体大小、格式、颜色及文字特效等。

会影字幕

绘影字幕是一款为视频自动添加字幕的软件。用户可以选择在网站上生成字幕，也可以在绘影字幕APP上直接编辑。

给视频添加字幕时，短视频运营者首先要把需要导入字幕的视频文件导入软件，然后点击预览窗口，找到文本编辑框，编辑输入需要的文字和文案，然后调节它的字体、大小、样式等参数，并把它调到视频内容的适当位置。

会声会影是智能识别视频语音、自动添加字幕的，支持汉、英、粤、日、韩、法、泰、俄、葡、西、德、意、越、阿拉伯共14种语言识别、互译，能够制作双语字幕。

会影字幕网站端识别字幕后，支持在线编辑，导出格式分为TXT/SRT文本格式字幕，以及带字幕的MP4视频。

会影字幕网页端能够提供字幕自动识别API服务，方便客户接入已有业务场景。通过调用API接口，直接返回视频的字幕数据。开放的API可以获取多种语音视频的识别结果，并制作双语字幕。

片头剪辑技巧

几十秒钟的短视频说长不长，说短不短。如何将自己的作品打造成好莱坞大片，让其"开头即高潮"，迅速制造一个肾上腺素飙升的场景，是所有短视频创造者都在殚精竭虑思索的问题。短短几十秒的短视频，最初3秒如果不能吸引用户停留观看，那么绝大多数用户就会下划手机屏幕，转而浏览下一个视频。因此对于短视频创作者而言，想要抓住用户的眼球，就必须在短视频开头3~5秒里营造出吸引用户观看的核心点，那么这种扣人心弦的开头应该如何剪辑呢？

重要信息前置

将整个作品中你认为最有吸引力的桥段放在开头，开头的几句话一定要足够精彩，如果你的视频是娓娓道来的形式，开头引入时间过长，很多用户根本没有耐心看完就刷走了。要根据视频的情况把吸引眼球的精彩片段截取3秒以内放在开头。例如抖音大神"真探唐仁杰"，他的所有作品都运用了这一策略，往往将一两句最有吸引力的话放在开头，勾起用户继续往下看的兴趣，然后才缓缓切入正片。

与观众对话

很多做经管、家教类的口播达人，他们经常在视频开头采用与观众对话的形式增加观众的代入感。例如财经领域的短视频达人"直男财经"，看过他视频的人一定知道，他的很多期作品中，视频开头第一句往往采用提问的句式，例如："问各位家人一个问题，你们……""双十一的套路究竟有多深？"这些开头都是以询问的形式切入视频，让刷到视频的用户不禁思考这个问题的答案，带着一种好奇和疑问继续观看视频。

开头三秒设置标签

作为个人IP，我们可以在视频开头处贴标签，这种标签既可以为自己设置，也可以给用户人群设置。例如，"世预赛告急，输了这场比赛，国足只剩理论出线"，这就是为自己的视频贴标签，让用户直观地看到这是一个体育领域的账号，让有兴趣的观众会在看完这个视频后点击头像观看我们其他视频内容。

再例如，"40岁失业意味着什么？"这个开头语就是在为用户贴标签，圈定人群，让即将40岁或者已经40岁的人群产生兴趣继续观看。圈定人群的好处是既可以达到自己的特定增粉计划，同时也能为植入广告找到目标人群。

解决痛点问题

移动互联网时代有一句金句："无痛点，无市场。"痛点就是让用户痛苦的点，是用户在生活中经常抱怨的、不满的，让自己感到痛苦的因素。而我们要做的就是帮助用户解决这些痛点，因此，很多短视频创作者直截了当地在视频开头就抛出痛点，并解决痛点。

例如，"想做爆款视频？学会这招就够了！凭借这个方法，我1个月收获了1亿播放量，今天我将这个方法教给你。"

"为什么你总是不够自律，那是因为以下几点没做好。"

"做菜难吃怎么办？今天就和大家分享几个让自己炒菜更好吃的小妙招。"

这些都是以"痛点思维"来寻找目标群体，并通过自己分享的内容解决用户痛点，满足用户的需求。

一条视频能不能火，与其片头是否精彩有着密切的联系。很多用户都是利用碎片时间刷短视频，如果视频开头无法引起用户注意，用户就很容易将视频划走。因此，在剪辑视频的片头时，可以根据自身情况，选择更适合自己的方法。

当然，除了做好视频的开头之外，在作品中间也要设置足够多的看点，最佳的情况是每个看点都能形成对用户的吸引，只有这样，用户才有可能耐心看完，提高视频的完播率。

如何添加边框

在剪辑视频的时候，有时给视频添加上一个小小的边框元素，视频的风格就会立马改变。比如说，原来视频风格是比较有年代感的，但是当我们为视频素材添加边框后，这些视频画面可能就会变得"很潮"，具有"现代感"。或者是原先感觉有些伤感的视频，在可爱风格边框的衬托下，让人看起来反而有些轻松。那么该如何给视频添加边框呢？

以剪映 APP 为例进行操作，首先我们将视频添加至软件素材区，可以点击"导入"，打开素材库，选择需要剪辑的文件，并将其添加至编辑区的视频轨道中；在软件功能区中点击"贴纸"，进入该功能后，在搜索栏中输入关键词"边框"，并点击搜索，在剪映中，供用户免费使用的边框多达数百种，用户可以根据个人需求和喜好选定边框。

贴片式边框

一款好看的边框不仅可以让你的视频作品看上去非常顺眼，还可以加深观众、粉丝对你的印象。贴片式的边框，就是一种既好看又好操作的边框形式。创作者只需要提前设计好一个固定贴片模板，每次使用时将边框内容替换成为想要的即可。

遮罩式边框

遮罩式边框就是将短视频平台默认的黑色边框统统替换成了彩色边框。这样设置，除了比普通边框更加吸引用户眼球外，也能让用户快速分辨出你的账号与其他账号的不同，让你显得个性十足。遮罩式边框制作起来比贴片式边框还要简单，同样只要替换遮罩内的图片或更改文字就可以。

DIY 中国风式边框

近年来，随着《哪吒》《姜子牙》《白蛇》等动漫电影的热播，让很多人爱上了"中国风"，带有"中国元素"的国潮文化逐渐在各领域里流行起来，其中就包括短视频的边框设计。一些有着设计天赋的短视频创作者充分利用中国的文化元素，创作出一张张精美的具有现代艺术气息的中国风边框，颇具美感。

DIY 边框并不难创作，只要找到合适的素材，在很多修图软件里都能很快制作出来。中国风的代表元素有很多，例如盘龙、祥凤、长城、水墨等，我们在设计边框时可以根据短视频作品的主题，对中国风元素的图案进行筛选和组合，之后将素材叠加到边框图层的最上方即可。

当然，那些极具美感的中国风设计，需要设计者对素材的运用场景、效果展示、文化背景等方面有一定的了解，此外还要做到素材与主题的完美统一，这些需要设计者实践后才能总结出来。

　　一位现代艺术大师曾说："设计不仅仅是简单的组合、排序或者编辑，它应该是赋予价值和意义的过程。"作为短视频创作者，在创作的过程中，我们应当做到精益求精，即使采用最简单的方式去设计边框，也要在设计的过程中加入自己的思考，精雕细琢。

如何添加涂鸦水印

　　作为一名短视频创作者，最不想见到的事恐怕就是自己的视频作品被其他人擅自盗用，自己辛辛苦苦耗费很多时间做的优秀视频，转眼就被"盗贼"掐头去尾，简单处理后发布在他的主页上，视频原作者申诉无门，只能眼睁睁地看着自己的作品让盗用者疯狂吸粉，当中的无奈与委屈只有视频原作者才能感受到。于是，一些短视频创作者开始在自己的作品上添加水印，水印是一种数字保护的手段，在图像上添加水印既能证明本人的版权，还能达到品牌宣传的效果。

　　可传统的添加水印方式，是很容易被剪辑软件去除或剪掉的，而将水印做得很大，又会严重影响视频观感，那么，我们该如何正确添加涂鸦水印，保护自己的作品呢？

添加动态水印

　　相对于容易被去除的固定水印，动态水印更难去除，安全性相对较高。支持动态水印的剪辑软件有很多，例如荣膺2021金网奖"年度技术数字营销公司"大奖的秒影工场，针对动态水印发明了一项技术专利，可以有效解决水印被轻松去除的问题。该技术使用跨平台计算机视觉和机器学习软件库，识别视频每一帧的某个坐标或区域的颜色，基于这个颜色智能生成颜色明显且视觉效果良好的水印，以达到更好的显示效果；同时也能够让短视频水印随着背景色的变化而变化，让视觉达到最优，提升短视频后期的实际推广与宣传效果。

短视频行业对于动态水印技术表现出的强烈需求，使很多主流剪辑软件陆续研发并添加了动态水印这项功能。动态水印技术发展到现在，已经能够实现视频分解成帧、识别背景色、选择水印色彩、添加视频水印、效果预览核验、评级确定水印颜色等诸多功能和操作，并且让短视频水印可以随着背景色的变化而变化，可谓是保护知识版权、个人IP产权的"小能手"。

往视频里添加动态水印十分简单，大多数剪辑软件都能快速制作，具体的步骤为以下五种。

1. 随便在网上下载一张黑色图片，在图片上添加自己想要留下的水印内容，例如在黑色图片上添加文字"听妈妈的话"，为方便之后图片进行滤色，水印文字的颜色最好设置为白色。

2. 打开剪映（不同剪辑软件的操作细节有所不同，但步骤基本大同小异，这里以剪映为例），打开视频作品，在作品中以画中画的形式插入第一步里制作好的写有"听妈妈的话"的黑色图片。

3. 由于图片是黑色的，遮挡住了视频画面，因此我们要将图片的黑色去掉——找到混合模式，在该模式里找到滤色模板，点击滤色后图片的黑色背景就会消失，只留下水印文字。

4. 根据自己的喜好，调节水印文字大小、透明度以及水印文字的时长（简单来说，你可以把动态水印文字理解成会动的字幕，调节水印存在时长的方法和调节字幕的方法一样）。

5. 为水印文字添加"关键帧"，然后将动态水印随意拖动到其他位置，并依次重复添加关键帧的操作，这样，动态水印就会随着你的拖动轨迹在短视频上进行浮动，到这儿，动态水印的添加操作就全部结束了，我们只需要将短视频作品导出即可。

添加声音水印

声音水印，原本是电子音乐网站和音乐人为防止用户私自下载使用而设置的一种保护手段。例如火遍大江南北的《野狼 disco》，这首伴奏曲的原作者是芬兰音乐人 Ihaksi，他在自己的很多原创作品里都加入了声音水印，这种声音水印对于大多数人来说很难去掉，是目前而言最有效的防侵权手段之一。即使是专业的音乐人，也很难通过重新制作音轨之外的方式来去掉声音水印。

当声音水印这项技术或者说解决方法融入短视频行业时，有些短视频创作者便在自己的视频作品里"花式插入"属于自己的声音水印。他们在录制文案音频时经常会掺入自己的账号信息，如将口播中的"我"改为"××"（创作者名字），这样做的好处是，即便自己的作品再被人盯上，对方为去掉声音水印而需要做的剪辑工作量将大大增加，并且剪辑后的视频由于缺少了某些关键信息或剧情，也在一定程度上削减了视频的精彩度，即便被盗用，引流的作用也会大打折扣。

如何使色调更具冲击力

随着计算机运算能力的不断提高，调色在影视广告片头制作中的使用越来越广泛。此后，一些短视频创作者在剪辑视频时也开始使用调色功能，从而收到许多实拍达不到的艺术成效，前所未有地拓展了短视频作品的表现空间和表现能力。

色彩是视频作品视觉表现力的决定性因素之一。色彩可以对人们制造一种刺激，其效果不仅仅存在于视觉上，并且会对心理上造成一定影响。对视频创作者来说，学会使用色彩，能让你的作品更有情绪，更有内涵，更有视觉冲击力，也能令观众在观看短视频时更容易融入其中。那么，该如何恰当地运用色彩，提升

087

作品格调呢？

了解颜色的特点

颜色是通过眼、脑和我们的生活经验所产生的对光的视觉感受。它具有三个特性，即色相、明度和饱和度。根据每个视频片段，需要调整的地方也都不一样。

在调色之前，我们应该了解每个颜色的特点，知道不同颜色对于情绪有什么影响，并作出合理的搭配。例如蓝色能够让人安静、内省，而黄色能使人感到温暖、舒适，红色则是热情、充满能量等。画面采用单一色系的搭配会使人感到宁静、缺乏动感，反之过多地采用对比色则会使人感到焦躁、不安。仅仅是色彩的搭配，其中就包含很多知识，这需要我们在剪辑过程中细心学习和大胆摸索。

色彩搭配

在素材的色彩搭配使用上，可以运用多种组合方式，比如明度对比、色相对比、补色搭配或间色搭配等。强烈的视觉刺激可以带来有效的视觉冲击力，与视频构图相结合的色彩可以引导观众的视觉方向，让观众将注意力快速转移到视频中的主体物（可以是人，也可以是物）上面。例如，有人白天在室外拍摄素材，午后充足的阳光有可能会令拍摄的素材画面呈现出一种太亮且灰色的质感，缺少一定的饱和度。尤其是如果画面中有黑色的部分，那么黑色区域大概率会出现较为明显的空缺，这时我们就要用剪辑软件进行色彩上的调整，让更多的黑色补充进来。

另外，画面的饱和度并不是越高越好。画面饱和度高，会让视频画面变得更鲜艳。但如果一味地增加画面的饱和度则会使画面出现噪波，噪波的出现会令画面失去通透感、颜色不纯以及图像清晰度下降，因此我们在调整画面饱和度时，使整个画面的色调达到均衡即可。

根据主题色调整

为了在后期制作时让画面整体看上去统一协调，我们在拍摄短视频素材的时候就要想好，确定一个主题色。之后，至于是偏冷色系的蓝还是偏暖色系的红，都是要结合画面的整个内容去调节。

当我们提高视频素材中某些色彩的纯度时，其他中间色都会跟不上，看起来就很不舒服，这时候，将所有中间色调向一种色调倾向会有助于凸现主题鲜明的颜色，这种操作就是很多剪辑师口中的"主题色补色"。通过这种方式可以让主体更"吸睛"，有效地突出它的形态、图案、纹理等特点。

使用 LUT"傻瓜式"一键调色

如果你初次接触短视频作品的色彩校正或是调色工作，当你面对复杂的色环、色彩曲线时，往往会感到无所适从，而此时 LUT 工具就派上了用场。LUT 是英文短语 Look Up Table 的简称，直译过来是"检查表"的意思。行业里的人也会称 LUT 为"颜色查找表"或者"色彩对应表"。

几乎每款剪辑软件的开发团队都在自家的产品中加入了多个 LUT 预设调色模板，简单来说它就是一种可以为视频快速添加色彩的预设。作为使用者，我们只需要选择自己喜欢的模板就可以快速套用上去，这让调色变得非常方便。如果预设的 LUT 调色达不到理想要求，我们还可以在预设的基础上，进行各项参数的调整。这非常适合零基础或基础较差的用户操作使用。

第 7 章

拟标题：
赋予短视频最传神的"眼睛"

你是否产生过这样的困惑，明明自己的短视频内容很棒，但是点赞量和播放量却比别人少一大截？其实，想要打造爆款短视频，除了内容，短视频标题文案也是影响短视频数据走向的一个很大的因素。短视频标题决定了用户能否被吸引并点开视频以及后续的互动。标题是短视频的"眼睛"，标题起得好，获得的点击量就会更多。

标题要能勾起用户的好奇心

标题是短视频的重要组成部分，要做好短视频文案，标题的拟定是短视频制作的重点之一。短视频标题创作必须要掌握一定的技巧和写作标准，只有对标题撰写的必备要素进行熟练掌握，才能更好、更快地实现标题撰写，达到引人注目的效果。尤其是对新手创作者来说，想在初期的运营中与其他创作者的较量不落下风，让自己的作品数据挤到下一级的流量池里，就必须学会剑走偏锋，出奇制胜。例如，抖音用户"这不科学啊"，曾经发布了一个作品，所使用的标题文案便是"光头洗头也能有很多泡泡吗？"像这种新奇有趣的提问式标题不但有助于激发用户的好奇心，让用户耐心看完视频，同时还能提升视频的互动率，许多用户看完之后纷纷表示自己也想去理个光头，来体验一下这种洗头方式。最终这款视频收获了 30 多万的点赞量以及接近 2 000 条评论。

想在标题文案上制胜，就必须掌握文案写作的精髓，那么，短视频抖音标题到底应该如何设置，才能调动起观众的好奇心呢？

善用词语，抓人眼球

作为短视频的"门面"，标题文案展示了一个短视频的主旨，甚至有对故事内容背景的诠释，因此，一个短视频数据的高低，与标题的好坏有着不可分割的联系。短视频标题要想吸引用户，就必须有点睛之处。短视频运营者可以加入一些能够吸引用户眼球的词，比如"惊现""福利""秘诀""震惊"等。这些"点睛"词能够让用户产生好奇心。

和"我"有什么关系

这里的"我"代表用户。例如，有一个屡次登上热门推荐的视频标题就是直接问"你们想找一个什么样的女朋友"，这就是主动向用户提问，刺激用户评论，这样的标题加上视频中人物的人设表现，也很容易吸引用户参与互动。

主动引导和"故弄玄虚"

这样的标题需要加入一些"小套路"。例如，2021年7月中旬的台风"烟花"在江浙地区登陆的时候，一些人给拍摄台风的短视频所起的标题是《第一次看到台风，居然……》《有人给我科普一下吗？为什么叫"烟花"而不是"爆竹"？》……而当人们认真看完视频后却会发现，视频里拍摄的天气似乎并没有什么异常现象，最多只是比平时的好天气多了几片乌云而已。但是，这类标题却非常能够吸引用户的好奇心，反复观看视频并加以评论。

将文案打造得"幼稚化"

在主流短视频平台，最受欢迎的往往是那种让人一眼看上去觉得"幼稚"的标题。例如，"希望我那3个粉丝看到不要脱粉""你看见过我的小熊吗？"这类"幼稚"的文案标题往往特别有喜感，因为无论抖音或是快手，在整体上都不是卖弄文采的平台，太过于高深的标题让人看着费劲，很容易让人失去耐心继续观看你的视频，也很难让用户有互动的欲望，所以设计文案时尽可能简单明了，通俗易懂。

脑洞大开，发挥创意

无论什么时候，人们都乐于见到新奇有趣的事物。例如，《看！这个人在地上种月亮》这个视频的标题就很吸引人，让人产生想一探究竟的冲动。

标题文案对于短视频作品的重要性不言而喻，它是吸引用户看完视频的关键所在，文案可以体现在视频的剧情中，也可以体现在视频素材封面中，好的标题文案，不但能快速勾起观众的好奇、提升观众的带入感，同时也能为作品带来更高的点击量。

标题要能切中用户痛点

痛点是指用户未被满足的、急需解决的需求，只有短视频内容戳中用户，其作品才有吸引力和说服力。

对于一个作品，用户最先关注的就是标题了，有时，标题甚至决定着视频能否被用户打开观看，所以在其中加入用户最关心的痛点有着至关重要的作用。想要起好一个标题，就要切中用户痛点。

例如，做一个减肥健身类短视频，如果标题为《10组最适合减肥的动作》就远没有《1个月减掉20斤，她是这样做的》更吸引人。将可能达到的效果或者说用户想要达到的效果展现出来，用结果倒逼行动，吸引更多想要减肥的目标用户群体。

再比如，做一个心理情感类短视频，《如何一眼识别渣男》就比《谈恋爱时应该怎样选择伴侣》更让人有点进视频浏览的冲动；又比如，《女人太强势，婚姻真的会不幸福吗？》，不仅在话题上戳痛大部分女性内心的痛点，而且还会引起大家关于女性性格对婚姻的影响的广泛讨论，大家想知道通过这个视频能否知道答案，又或者想看看想法是否与自己一致。所以用户会浏览短视频，甚至会点赞、评论、转发。因此，在为短视频取标题的时候，要针对目标受众特点，找准可以吸引到用户的字眼，引起用户观看的欲望，增加视频的曝光程度。

一个好的标题绝对是短视频的点睛之笔。运营者想要通过标题来吸引用户，就必须精准把握用户的痛点。情感类短视频标题就要领悟目标用户想要了解对方心里的想法，减肥类短视频标题就抓目标用户想要快速瘦身减重的心理，娱乐类短视频标题就要对明星、事件等的噱头有深刻的认识。根据不同用户的需求，通过标题有针对突出短视频内容，吸引用户观看短视频。

  由此可见，运营者想要通过短视频标题吸引用户，就必须抓住用户痛点，充分体现用户需求，这样才能激发用户点击短视频的欲望，继而为短视频增加更多的流量和更高的关注度。

替用户"站队伍""贴标签"

  短视频运营者要想提升播放量，就应该给自己的视频贴标签，加强用户对视频的辨识度，并对标签进行优化，这样就能节省用户时间，提升用户体验，播放量自然而然就上去了。其实在社交网络中，标签化这一现象十分明显。例如，提起喜剧表演沈腾，网友的反应就是，"沈叔叔太逗了""200亿票房那都背不动了""嘴太贫了""反应能力太快了"，"喜剧大师"和"百亿票房男演员"成为沈腾的标签，也是当之无愧。

  那么，怎么给自己的短视频贴上合适的标签呢？我们可从以下两个方面入手。第一，简单明了，易于搜索。尤其是在一个短视频账号起步阶段，既没有知名度又没有足够的成本进行宣传，简单明了、易于搜索的标签可以直奔主题，简化很多流程，帮助短视频账号增加曝光度，积累粉丝。第二，特点明显，标新立异。在同质化严重的时代，与众不同的短视频标签可以引起读者好奇心，刺激用户长期记忆，从而将短视频与这个标签画上等号，加深用户对其内容的印象。

  那么，短视频平台是根据什么给我们的视频打上标签的呢？

根据声音（配音和配乐）、视频的标题、视频上的文字，还有短视频账号的昵称、个性签名等。比如，你的视频内容出现了美食，这两个字，不管是亲口说出来的，还是在视频内容中出现的字幕或者是标题中出现的，抖音系统都会判定你这个视频可能是美食类的视频。然后，他就会将你推荐给格外喜欢美食的用户。

那么，短视频平台是如何知道哪些用户是属于美食类的用户呢？平台会根据用户账号以往的点赞、评论、搜索等一系列行为，经过算法分析判断一名用户是否喜欢美食类的视频，如果是的话，平台就会给该用户大量推送美食类的视频。这就是当你给某一个视频点赞之后，往后一段时间你都会经常能刷到关于这一类的视频内容的原因。所以，如果我们想吸引喜欢美食的用户，那么我们就要在视频中打上美食这个标签，无论是我们用话说出来的，还是用文字写出来的，又或者是在账号昵称、签名中直接体现。

短视频平台的标签属性是非常重要的，会直接影响系统的推荐机制，进而影响短视频的播放量。因此，短视频运营者可为自我认可度高的短视频打上"我要上热门"的标签，引起平台的注意。再根据视频的语音、内容、标题，账号的昵称、个性签名、浏览痕迹等打上相应标签，如美食、搞笑、美妆等。平台系统对短视频内容有一个大致的了解后，便将其推荐给相关用户，从而让更多的用户看到他们所喜欢的内容。

短视频的标签是在视频主要内容被用户观看之前最先被用户捕捉到的信息。为了能让用户对短视频产生观看的欲望，运营者一定要强化自己的标签属性，从目标用户的角度出发，按照其特定需求选择真正戳中用户痛点的内容，方便做好短视频运营营销。

充分利用名人效应

热点人物总是可以引发网友的关注，运营者也可以利用这种"名人效应"设置标题，做品牌营销，实现点击率的增长。随着短视频平台的用户越来越多，一些企业或个人为了推广自己的品牌，选择短视频平台入驻，开通账号，发布短视频。为了吸引粉丝，企业会与自带流量的明星合作，将明星粉丝转化为自己的粉丝。而有的个人粉丝账号则利用与明星相关的歌曲、舞蹈、影视的周边产品引发用户关注。

因为与知名人物撞脸而受到关注，在短视频平台上有不少，如山寨版周杰伦、赵丽颖、蔡徐坤……与名人同名会引来无数回眸，同款能被卖到无库存。更何况，顶着一张和名人高度相似的脸，自然会吸引相关用户。

无论是短视频还是偶像团体，如果只凭借宣传和包装就想出名是比较难的，但是如果借助名人或热点人物，效果就会大不一样。因为热点人物本身具有相当庞大的粉丝群体，与热点人物关联无须费力增粉，自然而然就能赢得一部分粉丝的关注。因此，运营者在标题的设置过程中，可以充分借助名人效应，吸引第一波用户，然后持续精进打磨内容，拍出能够赢得更多用户喜爱的作品。

标题最好结合热点

"热点"指的是比较受广大群众关注或者欢迎的新闻、信息，或指某时期引人注目的地方、问题等。因其具有受众人数多、传播力度广的属性，如果短视频的标题与之结合，就很容易使其内容增加曝光量。热点有多种形式，可能是一个人物、一个事件，还有可能是某首歌曲、某部影视等，运营者需要根据不同的热点形式拟标题。

例如，在2019年初，电视剧《都挺好》就成为电视剧爱好者的一个津津乐道的话题。当时，几乎所有与电视剧相关的网站和期刊都在关注这部电视剧，在微博上引起了关于"原生家庭"的广泛讨论。比如，"原生家庭不幸是生活不顺的理由和借口吗？"

在《都挺好》的热度逐步攀升的时候，很多制作影视剧解说类短视频的团队纷纷推出了与其相关的短视频作品。由于《都挺好》的受众群体广泛，很快这些短视频就获得了一定的热度。其中有一位运营者拍摄了一个与此话题有关的快手短视频，获赞超过10万次。但是对于热门话题，一定会有很多运营团队进行相关内容的制作，想要从中脱颖而出并不容易，必须有自己的特色。

在标题结合热门话题的选择上，运营者也可以利用已有热门话题，创造出新的热门话题。例如，《我们是谁？甲方！》这个热门漫画一出，无数的行业的改编版纷纷出现，文字换成与自己相关的内容，这一波"蹭热度"引起了人们的广泛关注。另一个创造新热门话题的方式是将原作漫画改成真人版，也取得了不错的效果。

当我们创作内容的时候，关注热点事件、深入挖掘是非常关键的环节，掌握将热门话题与自己的标题相结合的方法，增加曝光度。运营者通过制作将标题与热点相联系的短视频，可以在短时间内迅速获得用户的关注。

需要注意的是，虽然短视频运营者通过标题结合热点的方式容易获得热度，可以在短时间内吸引大量的流量，但是并不具备持续性，一个热点事件，通常很快就会过时。因此，对于运营团队而言，深耕内容质量才是重中之重，通过精彩的视频内容将标题结合热点形式带来的流量和用户留住并转化。

标题中能够制造冲突

常规性的标题往往显得平淡，在短视频平台上毫不起眼，而如果标题涉及矛盾或者说冲突，就很容易调动大家的情绪，用户通过标题对主人公身份认知上的冲突，顿时增加了点击视频观看的冲动。一个优秀的短视频运营者会充分利用这一点，把视频内容的冲突或者矛盾点反映到标题上，以此吸引用户。那么，我们如何找到冲突或者矛盾这类标题呢？首先，要看看内容是否存在冲突或者矛盾；其次，使用辩证的眼光去看待问题。

利用矛盾感制造标题，让用户觉得不合逻辑，但这很容易引发大家的好奇心，自然也就想一探究竟。例如，标题《这个小学毕业的保姆，值月薪3万》《住桥洞，捡垃圾，嫌犯竟是名校高才生》，你是不是看了之后很想点进视频观看。下面这三种方法可以更好地帮你设置矛盾标题。

设置得失矛盾

成功与失败；得到与失去；梦想很"丰满"，但现实很"骨感"……这些都是经常采用的设置标题矛盾的借鉴方法。每个人都想成功，但人生不可能一帆风顺，总要历经坎坷；每个人都渴望拥有，但往往得到与失去是平衡的；实现梦想的路不可能一马平川，总会遇到挫折和失败，只有设置矛盾，才更能突出人物遭遇挫折后的坚强，然后珍惜得到的来之不易，才更容易打动他人，赢得更多人的关注和点赞。

通过人物性格制造矛盾

短视频运营者在设计故事矛盾冲突时，可以利用人物性格的发展变化制造出强烈而鲜明的矛盾，以此推动故事情节的发展，使视频内容更具吸引力。一是可以利用人物本身内心矛盾。例如，创业青年在拼搏的路上遇到挫折，选择放弃还是坚持，这种矛盾冲突能够带给人们强烈的冲击力。二是设计人物之间的矛盾。在生活中，人与人之间经常会因为一些小事产生矛盾、冲突，在矛盾解决的过程中，人物的性格会表现得淋漓尽致。我们可以利用人物间的矛盾制造冲突点，把情节推向高潮。

设置善与恶、正与邪的对立矛盾

生活当中的善与恶、正与邪的矛盾冲突最容易引发人们的共鸣，所以短视频创作者可以在短视频内容中适当增加一些对立，在人和人、人与社会之间发掘善恶，剖析正邪，从而制造更加鲜明的对立与矛盾。

在标题中，制造冲突是一种非常有效的吸睛方法。短视频运营者要学会利用这种方法，打开短视频的市场，增加视频内容的曝光量。

在标题中巧妙地运用数字

短视频标题中的数字可以迅速引起用户的注意，现代社会人们比较浮躁，对短视频标题的浏览时间也不会超过一秒。想要在如此短的时间内抓住用户眼球，运营者可以借助"数字"的力量，让短视频标题变得更直观和简洁。

举个例子，《如何知道是否被好友从朋友圈删除》和《3招告诉你，是否被微信好友删除》这两个标题，显然后者对于目标用户更有吸引力，因为标题中明确告诉用户只需要"3招"就可以知道"是否被微信好友删除"。在标题中添加数字可以为用户提供更多有效信息，直观简单，帮助运营者实现短视频点击量的增加。

除去这种"通过几种方法完成某事"模式的标题，其他包含时间、人数、年龄、数据比例等明显数字的标题，也非常容易引起用户注意。例如，像《19岁小伙子兰郡泽开吊车在火中救下14人》《学会这个单词，听懂50%的美剧台词》等，据调查显示某短视频平台，2021年6月19日某个时段的首页推荐的64个短视频中，就有15个标题中带有数字，占据了超过1/5的比例。这种突出数字的标题，很容易吸引用户的眼球，从而增加视频内容的曝光量。

需要注意的是，这种以数字作为要素的标题应与短视频的内容和整体风格相符，不要做单纯为了增加数字标题而内容空洞的"标题党"。例如，《如果你不能做这10个动作，那你就得注意了》这类标题，虽然利用用户的好奇心理。能快速引起用户的关注，但是由于其标题过于修饰、夸大其词，会让一部分用户看完内容后对运营者的不信任、不认可，从而造成大量用户的流失。信任感一旦缺失，就很难再建立了。根据实验所得，在标题中使用阿拉伯数字的效果会优于使用汉字数字的。

总之，短视频运营者要学会在标题中设置数字，使标题更加醒目，这样能在一定程度上增加短视频的点击量，但是需要注意短视频内容和数字的相关性，不要为了营造噱头而强行添加没有意义的数字。

加入流量大的关键词

短视频标题关键词的设置应尽量大众化，紧跟当下潮流，这样才能有更多机会让更多的用户进入短视频页面，增加短视频的点击率。短视频平台会根据算法规则，对短视频的标题关键词进行提取、分类和推荐，然后再根据短视频的用户点击率、评论数量和用户浏览量，决定一个短视频是推荐给用户还是直接过滤掉，因此关键词的选择非常重要。在标题中加入流量大的关键词能让你的短视频被用户迅速锁定。

每年 7 月，毕业季来临，对毕业生来说有着无比非凡的意义。这时候，"毕业"就是一个自带流量的热词，短视频运营者可根据这个热词来找寻灵感创作，也可做推广营销。例如，短视频账号"猫叔"的运营者就将"毕业"这关键词作为自己短视频的关键词，使得自己的短视频迅速爆火，播放量超过 34.6 万次。有了流量之后，该账号的运营者将电商销售和短视频结合起来，直播销售母婴用品、化妆美容产品、服装和茶叶饮品等获得了不菲的收益。这是一个通过给短视频设置大众化关键词的方法，实现变现的非常成功的一个账号。

对于如何选择流量大的关键词做标题设置，运营者可以参考如下几点。

利用百度指数搜索关键词

百度指数是一个非常好用的搜索关键词的工具，可以提供免费的关键词热度数据，短视频运营者在进行标题设置时可根据百度指数，检索出最适合的关键词。

对关键词进行精细划分

短视频运营者可根据推广词热度、关键词竞争强度、自己产品的属性选择关键词，自定义相关关键词并做好效果的跟进调查。

热搜词联想法

短视频运营者可以根据大数据找出热搜词，并且加以利用，在热搜词后面添加适当词缀，借助热搜词的流量，提高短视频播放量。

总之，短视频运营者在拟标题时，可以使用百度指数搜索关键词，然后对关键词进行精细划分，最后用热搜词联想法添加大众化的关键词，来增加短视频的点击率。

短视频标题拟定注意事项

互联网不是法外之地，短视频的标题拟定也有一定的规则，运营者在制定标题时应该避免故弄玄虚、挑衅和低俗等类词的出现，优化标题质量，为用户提供更多健康向上的内容。所以，设置标题时我们要注意以下四个方面的问题。

不要用故弄玄虚的词语

像"万万没想到""不为人知"这样故弄玄虚的词语最好不要出现在标题中，

而像"某某行业中那些不为人知的'潜规则'"这样的标题则应该杜绝。故弄玄虚类的词出现在标题中虽然可以在一定程度上引起用户观看的好奇心，但是如果标题和内容相差太大，只会让用户在点击短视频后有不好的体验，甚至有上当的感觉，可能视频没有看完就滑走了，拉黑都有可能。所以，短视频运营者应该把精力集中于提高视频内容上，努力把内容表达清楚，就事论事，然后将主题简明地表达出来。

短视频标题拟定时，一定要结合视频内容，直奔主题、简洁明了，不要故弄玄虚，舍本逐末。

不要用夸大其词的词语

一些短视频标题中带有"震惊""看哭"这样的词语，刚开始可能会获得相当可观的播放量，但是后面因为标题太流于俗套，不断模仿与重复，加之内容没有那么惊艳，标题与内容不符的落差感，非常容易引起用户的不满，大大降低短视频的完播率。这样做起不到相应的强调作用，只会让用户感到疲惫。例如，《江苏6口古井水突然沸腾，专家考察后，结果让人目瞪口呆》，其中的"目瞪口呆"就是震惊类词语，该视频一经发出，便受到了人们的广泛吐槽。

2019年1月9日，中国网络视听节目服务协会发布了《网络短视频内容审核标准细则》，规范了对短视频的标题和内容的要求，其中有一条就是避免震惊类词语出现在标题中，短视频运营者应该仔细研读该细则，按照相关规定运作账号，提高短视频质量。

不使用含挑衅意味的词语

标题中带有挑衅意味的词语，例如，"不看后悔""你一定不知道"等字眼，虽然在一定程度上能吸引用户，但很有标题党的嫌疑，恐遭他人吐槽。例如，《这样好的小窍门你竟然不知道，快赶紧看》这种标题就带有挑衅意味，可能引起用户的逆反心理。而根据《网络短视频内容审核标准细则》相关规定，类似的很多标题都会导致其内容被平台管理员直接删除。

一个好的短视频需要从标题、内容、点击量、完播率、转发数、点赞量等多方面综合考量，单纯靠标题吸引用户的做法已经不起成效了，"标题党"除了会引起用户的不适，也不能将内容表述清楚。因此，在做短视频运营时，使用挑衅类字眼为标题骗取点击量的方式实在不可取。

不使用低俗、不雅的词语

无规矩不成方圆，网络世界也是一样。虽然短视频的流行与普及很大一部分原因在其娱乐性，但也有其底线，那就是禁止低俗。不少短视频平台和内容就是因为触碰了这条底线导致被下线，因此短视频运营者也应在标题的设置上注意这一点。

低俗的标题设置是运营者缺少良好素质的体现，若不作出积极改变，长此以往，其作品不仅会被平台限流、下架，被用户嫌弃，甚至还会受到有关部门的处罚。所以，不论是平台的管理者还是视频号的运营者，都应该自觉抵制低俗内容，力争打造一个积极、健康的网络环境。

… 第 8 章

发布：
让短视频以最佳的方式亮相

短视频发布后经常会出现这样的情况：同一类型的视频内容互动数据差异明显，同一个作品在不同时间发布的视频数据表现参差不齐。影响一条视频数据表现的因素有很多，包括发布时间、视频清晰度、是否正确使用"@"功能等。本章，我们来具体介绍一下短视频发布的相关事宜。

视频输出参数的选择

刚学习视频制作的新手在导出视频作品时往往会感到困惑:"这么多视频输出格式,我应该选择哪种?为什么相同内容的视频选用不同的格式输出,它的大小不一样,它们的区别在哪儿?导出后的视频作品是越大越好吗?为什么自己导出的视频明明看着很清晰,可是上传到短视频平台之后画质就会变得特别模糊?"

很多人之所以对以上问题感到迷茫是由于目前主流的视频输出格式过多,令人难以选择。事实上,在视频格式的选择上,我们不需要了解太多的专业知识,只需保证最终导出的视频格式是主流格式(例如MP4、MPEG等),能够在自己的设备上播放并能够上传到相应的媒体平台就可以,至于其他的并不在我们考虑的范畴里。需要我们在意的,仅仅是视频中常见的参数,如"帧""码率""分辨率"等,只有清楚理解这些概念,才能对症下药,彻底解决视频作品导出后画质不清晰的问题。

帧

"帧"是影像动画中最小单位的单幅影像画面,相当于电影胶片上的每一格镜头。一帧就是一幅静止的画面,连续的帧组合在一起形成动画。而在网上经常说的"帧数",简单来说,就是在1秒钟时间里传输的图片的数量,也可以理解为图形处理器每秒钟能够刷新几次,通常用Fps(Frames Per Second)表示。由此,我们得知，每一帧都是静止的图像，当图像快速连续地显示时，便形成了运动的假象。高的帧率可以得到更流畅、更逼真的动画，在传统电影行业里一直流传着"一秒24格"的说法，这是有声影片的标准转速，适用于那个年代所有的周边设备，又或者可以理解为，所有的周边设备（如放映机）都是围绕着摄影机底片的转速而设计的。

  不过，随着科技的不断发展，高清数码器材逐渐取代了传统底片，因此越来越快的帧率开始出现，有些电影甚至达到了每秒60帧，帧率越高，影视中所显示的画质就越流畅清晰。那么，是不是在导出视频时将"帧率"这项参数调得越大越好呢？并不是，而是要结合剪辑时所使用的素材质量来处理。具体来说，除非你所使用的本身就是高分辨率、高帧的素材，比如"4K，60帧"，那么你在导出作品时可以设置为更高的分辨率和60帧，可如果你剪辑时所使用的素材帧率比较低，那么在完成剪辑工作时将作品强行设置成高帧后导出，势必会导致画面受损。因此，我们在设置帧数时，一定要根据自己作品素材的大小来决定。如果你无法确定自己所使用的素材画面质量，那么建议在导出视频作品时将帧率设置为30帧。

  分辨率

  "分辨率"又称解析度、解像度，它指的是视频输出的尺寸大小，在日常上网看电影的时候，我们经常能接触到"1920×1080""1280×720""720×480"等尺寸的视频，视频分辨率越大，视频的画质就越清晰，同时视频的体积也就越大。虽然大体积的视频上传到媒体平台的时间会很长，但能保证视频发布后拥有很高的画面清晰度。分辨率不是越高越好，如果视频码率一定，分辨率越高，画面越不清晰。比如，视频大小为2G的视频文件，1080p版本有时可能还不如720p版本看起来更清晰。

  视频码率

  视频码率是数据传输时单位时间传送的数据位数，码率越高，意味着每秒钟画面的图像信息数据量也就越多，越接近我们原素材的质量，视频越清晰、体积也就越大。但是，码率不是越大越好。在码率一定的情况下，分辨率在一定范围内取值都将是清晰的；同样地，在分辨率一定的情况下，码率在一定范围内取值都将是清晰的。如果对码率没限制，则分辨率越高，画质越细腻；帧率越高，视频越流畅，相应的码率也会很大，这是因为每秒需要用更多的数据来承载较高的清晰度和流畅度。如果码率一定，则帧率越高，编码器就必须加大对单帧画面的压缩比，即降低画质来承载足够多的帧数。

简单来说，视频码率是受分辨率和帧率影响的。视频上传到短视频平台时，短视频平台是会自动进行转码压缩的。目前来说，转码后视频分辨率以1080P（1080×1920）/30帧为主，少部分是720P（720×1280）/30帧，也有一些平台是低于720P的。所以，我们平时在导出视频的时候，以30帧，分辨率720P和1080P为主就可以，具体选择720还是1080，取决于自己的素材质量。

发布短视频时多用"@"功能

包括抖音、快手在内的很多主流短视频平台，其实都有一个隐藏的上热门的小技巧，那就是在发布作品的时候在标题中使用"@"功能。如同微博一样，你想让谁看到你的微博信息，你就可以"@"谁。目前，各大短视频平台也已加入了"@"功能，能够让视频创作者在发布短视频作品时，使用"@"功能来让他关注的人第一时间收到"@"信息。

为什么很多达人的短视频要"@"给特别的人看呢？主要有以下五点原因。

创作者可以"@"好友参与互动

如果你发布作品里具有关于某位好友的话题，那么你可以"@"这个好友一起观看，如朋友聚会、合拍等。在这些情况下，我们可以通过"@"这个功能提醒对方观看，并让好友帮忙点赞和转发。

向对方发起挑战

当下各大短视频平台几乎每天都有热门的挑战玩法，有些粉丝多的网红经常在某件事情上发起挑战，例如足球射门挑战、扑克飞牌挑战等，如果你也有这方面的技能，并想挑战对方的话，那么你在发布参与挑战的视频时可以"@"那位发起挑战的人，提醒对方你已经挑战成功，吸引对方在你的视频评论区留言，蹭对方的流量和热度。

"@"某个明星或品牌，为自己的视频增加热度

"@"功能用得好，可以给我们的作品带来一定的流量。例如，2021年由Netflix出品的电视剧《鱿鱼游戏》成为热播剧后，不少人都在发布关于该剧内容的短视频。其中，有些用户会在发布作品的时候"@"一下这部剧的官方账号，让对方的流量带动自己的热度。

"@"平台官方账号

我们在发布短视频作品时也可以"@"平台官方账号。例如，在抖音平台发布作品时，我们可以顺带着"@"抖音小助手，若是你的短视频内容有趣，深受粉丝喜爱，那么很可能会上热搜，为你带来巨大的流量。但是"@"抖音小助手并不能保证你的视频被送上热门，抖音视频上热门的技巧包括视频原创度、完整度、水印、内容等因素。

"@"自己的小号

我们可以在发布视频时"@"自己的小号或是朋友的号以此来引流，让粉丝关注你所"@"的账号。但需要注意的是，你"@"的账号内所发布的内容需要跟你自己的账号有一定的关联，即便无法做到内容垂直，也不能毫无联系。例如，发布视频的账号若是垂直足球领域，平时发布的视频内容也都与足球赛事讯息息息相关，那么我们则可以"@"同样是做体育竞技的账号，哪怕是篮球、乒乓球或者羽毛球都可以，但不能"@"体育竞技领域之外的内容账号。这会让你的粉丝感到突兀，甚至引起反感，取消对你的关注。因此，我们在使用"@"功能时，一定要根据自身的情况来选择"@"的对象，充分发挥"@"的作用，为自己吸引更多流量。

要尽量多平台发布

很多做短视频的人都不确定，一个原创作品能否分发到多个平台，其实这个问题很早之前就在网上被讨论过，得出的结论当然是可以的。只不过，由于各大平台的侧重点不同，同一个作品在不同平台发布后获得的效果也是截然不同的。

简单来说，你在某个平台上播放量很低的作品换一个平台发布，可能就会成为爆品，毕竟"东边不亮西边亮"。那是不是说只要在多平台发布自己的原创作品就一定会火呢？当然不是，视频能否上热门，归根结底还要取决于视频的质量，如果作品本身不够吸引人，即便视频创作者有精力把作品发布到所有的短视频自媒体平台恐怕也火不了。

多平台发布作品的前提是作品有一定质量，能够吸引用户驻足观看，这样才有多平台发布的意义。例如李子柒，她在很多主流自媒体平台都开通了账号，抖音拥有 5 500 万粉丝，微博拥有 2 700 万粉丝，快手拥有 1 000 万粉丝，B 站拥有 800 万粉丝，好看视频、QQ 看点、小红书等平台也拥有数百万粉丝。此外，李子柒在海外的视频媒体平台也有 1 600 多万粉丝。保守来说，李子柒的全网粉丝已经超过了 1 亿人，能够取得如此优异的成绩，与她背后的团队的多平台推广宣传有着密切的关系。

事实上，多平台发布作品并非只有李子柒个例，在竞争越来越激烈的短视频行业，很多短视频创作者为了抢夺互联网流量，提升自己的知名度以及增加收入，也都开始从之前的单平台逐渐转向多平台，并取得不错的效果。

作为普通创作者，尽管我们身后没有MCN机构进行有力扶持，但我们却可以模仿网红达人多平台发布作品的模式为自己引流。如果有精力的话，我们也可以在成片的基础上进行一些小改动，针对不同平台的调性，适当进行优化，效果会更好。

例如抖音、快手的用户更喜欢短平快的内容，因此可以通过剪辑将短视频节奏调快，在发布视频的时候我们可以将作品时长压缩在一分钟以内，而B站和微博的用户则相对热衷于观看长视频，所以视频时长可以通过剪辑适当加长。当然，如果我们平时空闲时间不多，也可以同一视频不经过剪辑发布到各个平台。

最后，将作品发布到各平台也是有窍门的，最节省时间的方法莫过于使用第三方整合工具，感兴趣的读者可以自行在网上搜索一下，下载并注册账号后，我们就可以将所有的自媒体平台账号后添加到工具中，这样，我们就能把想要"一键发布"的作品分发至各个平台，省时省力。

短视频发布的黄金时间

很多短视频创作者和运营者对作品的发布时间都不是很关注，但事实上，通过对短视频行业众多达人的种种数据分析显示，已经确认了发布时间也是一个能够影响播放量高低的重要因素。找准短视频的最佳发布时间，播放量可能比平常要高出一倍，甚至数倍。那么，究竟哪个时间段发布视频的效果会更好呢？

从每周发布时间来看

根据短视频各粉丝数量级所发布短视频时间的大数据显示，在一个自然周内，短视频创作者每天发布视频的数量相差并不是太大，周末也没有明显增长；而与很多人理解稍有偏差的是，周日网红达人发布视频作品的行为则稍显"懈怠"，发布视频数量仅高于周一；网红达人更倾向于周五、周六发布视频；网红达人在周三、周五、周六发布的视频更容易收获点赞、评论互动。其中周三发布的视频收获评论占比稍高于点赞，而周五、周六发布的视频收获点赞占比更高；不同粉丝层创作者发布视频收获的点赞、评论两项互动指标趋势相差并不太大，但不同粉丝层互动时间偏向的都大不相同。

此外，全网粉丝超过100万的头部创作者在周五、周六发布的视频更容易收获互动。

从每天发布时间来看

无论是工作日还是周末，短视频创作者发布视频高峰期一般都出现在中午（11:00~12:00）和傍晚（17:00~19:00），其中傍晚时段创作者表现更加活跃；与周末相比，短视频创作者在工作日17:00~19:00发布视频数量更多；无论是工作日还是周末，不同粉丝层短视频创作者发布视频的高峰期与平时相比整体相差不大。

其中，不同粉丝层在中午表现相差较小，但在傍晚粉丝量越高的网红达人，发布视频数量占比更高；而值得注意的是，全网粉丝超过100万的头部创作者，他们在工作日17:00~19:00内发布的视频数量接近全天总量的一半，份额比周末同时段高出10个百分点。也就是说，无论是工作日还是周末，由于碎片化时间多，在17:00~19:00发布作品更容易收获互动。另外，中午11:00~12:00的视频表现也不错。

从作品领域发布时间来看

6:30~8:30是晨练健身、正能量、心灵励志领域创作者扎堆发布视频作品的时段。在这个时段浏览短视频的用户要么是刚睡醒准备起床吃饭，要么是在上班途中，很多用户会选择在这个时间段浏览短视频。

11:00~14:00 这个时段，视频发布的品类则多倾向于幽默小段子、美食、生活小技巧，这个时段很多职场员工和在校学生都会到食堂、餐馆排队等餐，不少人会利用碎片时间翻看短视频、微信以及微博。

17:00~19:00 的时段则适合发布心灵鸡汤、美食、萌宠等领域作品。

21:00~23:00，这个时段互联网用户们普遍已经躺在被窝里准备休息，而在临睡前刷刷视频也逐渐成了互联网用户的习惯。理论上，这个时间段适合所有领域的创作者发布作品，不过从各大短视频平台官方公布的大数据来看，游戏、影视、综艺八卦等泛娱乐领域的视频作品在夜间更受用户欢迎。

根据短视频行业大数据分析视频类型和发布时间，我们可以清楚地知道没有最好的发布时间，只有合适自己作品的发布时间。事实上，做短视频运营是一个"细致活儿"，同时也是一个有计划的事情，如果没有足够的准备，做起来会非常困难。

第 9 章

推广：
增加短视频播放量的绝招

大概所有的短视频创作者都有这样一个困惑,短视频制作完成后,该如何将它推广出去。推广方式有很多种,总体上可以分为付费的和免费的。在早期推广作品时,我们可以稍微花点钱在平台上买推广,这不仅能让新账号更快启动,同时也能让平台快速地给你的账号打标签,被打上标签的作品会有更大概率向精准用户进行推送。

利用"DOU+"工具

什么是"DOU+"？"DOU+"是为抖音创作者提供的视频加热的工具，能够通过多次推荐视频内容，提升内容的曝光效果，进而提升视频播放量与互动量，帮助短视频运营者提高视频的关注度，满足抖音用户的多样化需求。

"DOU+"工具有其独特的优势，比如操作便捷，可以在APP端直接操作使用；流量优质，基于抖音平台的优质用户流量，可以帮助短视频强力增加热度；涨粉效果显著，视频曝光度和涨粉量清晰可见。除此之外，"DOU+"工具还有视频无广告标签，原生传播，纯软广形式，与普通用户发布的视频模式一模一样，支持加关注、转发、评论、点赞，进入抖音账号主页等优势。

那"DOU+"投放有哪些方式呢？下面，我们来分享一下如何用付费的方法，带动你的视频流量。

系统智能投放

系统智能投放，是指系统根据账号的定位和短视频的内容，然后由抖音自带的推荐算法进行投放。系统智能投放比较适合于偏新闻号、段子号和好物种草等受众范围广的账号，这些其实都是可以根据系统智能投放去做泛投放的。如果你的短视频内容不是细分领域，受众范围比较广，可以选择这种投放方式。

自定义投放

自定义投放，是指短视频内容可以分发给指定性别、年龄、地域、兴趣的人群。这种情况非常适合那些定位比较清楚的短视频账号，比如说做美妆、服装搭配的短视频账号可以指定分发给女性用户，做萌宝、儿童用品的可以分发给指定年龄的用户，做职场技巧、技能传授的可以指定分发给职场人士，做体育频道、历史类的可以分发给中年男士。这种自定义投放的方式会让短视频运营者所花的钱投放获得的都是精准粉。但短视频运营者在用"DOU+"投放时，需要注意的是，也不能将条件设定得太细，这样很容易让你的钱投放不出去。因为系统可能不给你这样的投放量。所以也没有必要说定得非常细，适度即可，这样才可达到效果更大化。

达人相似粉丝投放

"DOU+"的投放方式，还有一种达人相似粉丝的投放选择，即你可以选择你想投放给哪些达人的粉丝。大概意思是，当你投放的时候，你不仅仅可以按照指定条件投放，你还可以投放给一个其他号的粉丝，让这些粉丝能够看到你，我们把这种叫作"抢粉丝"。但是，"抢粉丝"也有一个基本特点，就是标签化，意思是你如果是幽默、搞笑的号，可以投给"陈翔6点半"的所有粉丝，这样也在一定程度上提高了精准度。

短视频运营者如果发现自己的视频出现无法投放，可能出现了以下六种情况。

1. 视频质量不过关：画质模糊、画幅比例不协调、静帧视频、时间过短的视频、观看后让人感到极度不适的视频。

2. 搬运视频：视频中ID与上传者ID不一致、账号状态标签为搬运号、录屏视频、视频中出现其他平台标记的视频。

3. 内容不正面：视频内容低俗含有软色情、视频内容引人不适、视频内容不符合本平台的调性，视频非正向价值观。

4. 含有营销、广告类信息：视频内容中有品牌logo、品牌词等商业元素。

5. 涉及侵权：未授权明星/影视/赛事类视频，如果不能提供相关授权，则无法使用"Dou+"。

6. 视频标题和视频描述包含联系方式、招揽信息、指向性店铺名称等元素，无法使用"Dou+"。

利用微博推广

微博作为一个当代年轻人获取资讯的主要媒介，拥有非常庞大的流量池。微博平台由于其特殊性有着其他平台不可比拟的优势，比如，及时性强，微博上一条关注度较高的微博可能引发上亿人的点赞、转发、评论，短时间内就能被用户转发至微博的每一个角落；传播力强，微博上发布信息特别方便，能让用户随时随地都能操作，裂变式的传播方式使微博信息传播力非常广；精准度高，因为微博可以实现短视频运营者和用户直接的沟通，精准度大大提高，用户可以对短视频直接发表看法，运营者也可以直接得到用户反馈。

因此，利用微博为短视频推广将带来明显的优势。那么，应该如何用微博进行推广呢，利用微博推广又有哪些技巧呢？

利用微博热搜

"微博热搜"，一个传播速率最快的地方，但凡进入热搜的人和事，分分钟能达到数千万的点击量和阅读量，短视频创作者可以关注"热搜榜""实时榜"等排行榜，并在相关博文通过图片、文字、短视频等形式为短视频账号做植入。比如，热搜上出现了一个明星高情商的社交场面，那么，该领域的短视频创作者便可以在微博中发布社交心理、礼仪规范等相关特点的短视频，并在短视频内容中引导用户关注自己的账号，做一个无缝对接。

设置微博关注语

每个人讲的每句话，发出的每个动作都是需要回应的。我们可以使用微博设置关注语的功能，与用户建立连接。比如，设置"Hello，看到你了，我是分享××××的，我的抖音号是××××，谢谢你的关注哦"，当有用户关注我们的微博账号时，便可自动向用户发送该关注语。这样就向每一个关注我们微博的用户推荐了我们的短视频账号，相当于免费打了一个广告。

微博评论曝光

微博平台为用户提供了评论区，在评论区，用户可以发表自己的观点、想法等。要想提高曝光度，除了提高自己账号的知名度，还有一个好办法就是蹭别人的热度，我们可以用自己的微博号去热门博文下面评论来吸引目标用户的关注，还可能有互关等意外的收获。

问答区回答问题

我们可以在问答区回答问题，帮助别人解决困惑，对于经常在微博问答区答题，并且提供高质量答案的用户，微博官方会邀请他们成为问答达人。短视频创作者可以发挥自身在某领域的专业优势成为问答达人，在回答问题时为自己引流。

利用贴吧推广

百度贴吧，作为全球最大的中文社区，凝聚了各种兴趣爱好者。百度贴吧是一个问答类社区，用户有任何问题都可以去贴吧提问，有很多热心网友进行解答，因其面向人群范围广、流量大、成本低，所以是一个非常适合短视频新手推广的平台。但在利用百度贴吧引流时需要注意两点：一是思考应该用什么内容吸引目标用户；二是思考怎样在发出的内容中巧妙地植入广告，以避免被删帖、引发用户抵触情绪等不好现象的出现。以下总结了短视频创作者可采用的几种技巧。

文案引流

文案通常是内容平台的重中之重，文案的精彩程度是我们能否留住用户的关键。短视频内容创作者可以通过别具一格的文案，吸引读者关注，然后在内容中间提及自己的创作视频，通过链式反应吸引读者到自己的账号，完成引流的目的。文案引流方法简单实用，但对短视频创作者的文案创作能力有着较高的要求，作者必须投入足够的时间与精力打磨内容，再根据平台调性，选择合适的时机发布，才能吸引到用户。

利用网盘链接

百度网盘是百度推出的云存储服务，支持用户上传下载各种形式、存储各种类型的内容资源。在日常生活与工作中，人们很多时候需要用百度网盘分享、存储资源，短视频创作者前期可通过在百度贴吧提供用户感兴趣的网盘链接资源，来吸引用户关注，同时利用用户心理提出让其帮忙关注的需求。

评论区留言

与微博类似，贴吧内也可以从评论入手，比如，游戏类短视频创作者可以发布一个讲解游戏技巧的帖子，然在帖子末尾告知用户"对该游戏感兴趣的用户可在下方留下联系方式，作者会在第一时间拉你进群，欢迎大家共同交流游戏技巧"，之后，便可把留下联系方式的用户拉进群，逐渐将其转化为自己的粉丝。

与贴吧吧主合作

吧主是负责管理贴吧的，拥有删帖权、置顶权等管理功能，因此，短视频创作者可以通过与吧主建立联系，为自己的创作产品引流推广。而且大部分贴吧管理员是因为兴趣爱好才担任吧主的，并不是为了获利，所以他们收费普遍不高。

如果短视频创作者确实能为吧内用户创造价值，很多吧主不但不收取费用，还会主动将其推荐给吧内用户。所以，对于短视频创业的新手来讲，这是非常好的一个推广渠道。

利用头条推广

目前，今日头条已经进化为综合类内容平台，可提供图文、视频、问答、任务等多种形式的内容，得到了大量用户的青睐。而且今日头条涵盖范围特别广，科技、体育、财经、军事、健康、法律、娱乐等领域都有涉及，可以满足不同爱好的用户。借助于这样一个用户量大的社交平台，短视频运营者应该如何利用今日头条为自己引流呢？

微头条引流

今日头条有一个微头条板块，创作者可以发布优质文章引流，通过有价值的内容获得用户的认可与支持。微头条与头条号是相互打通的，给短视频创作者发布作品、获取流量带来了诸多的便利。

除了自身的创作，短视频运营者也可以利用微头条的社交属性，通过点赞、评论、转发与其账号进行互动。比如，可以在爆款文章下方发表评论，但在评论时要注意言论符合今日头条言语规则，尽可能地发一些有趣、有态度、有观点的内容，不发表恶意、低俗言论。

用好悟空问答

悟空问答是今日头条对标百度知道、搜狗问答推出的同款问答社区产品。但悟空问答也有其运行机制，用户回答的问题必须足够深刻，才有可能得到首页推荐，获得较大的曝光量。因此，利用悟空问答引流时，短视频创作者应该根据自身的特长和优势，给出客观、准确的答案。

利用链接

今日头条支持用户添加外链，外链可连接至网页、小程序、APP等。短视频运营者可以利用这一功能，将目标用户引流至短视频作品页面，增加视频的曝光量。需要注意的是，在做这个处理时，要自然而然，不要显得特别刻意，必要时可以给用户提供一些福利。

付费推广

今日头条的推广功能也有大流量付费推广这一说，可帮助头条号作者向目标垂直用户推广头条号文章。因为今日头条具有强大的算法支持，其付费推广功能较为完善，目标群体较为精准，能够为创作者带来真正的粉丝。当推荐的内容点击率小于1%时，推广将不再继续，平台会将未消耗完的广告预算返还给账号，从用户角度帮助短视频创作者有效降低付费推广的风险。

利用微信推广

毫无疑问，微信是目前国内最大的社交平台，承载着移动端的最大的流量，拥有强大的变现能力。现如今，人们的日常生活与工作已经离不开微信，因此优质内容很容易实现病毒式传播，从而为短视频运营者提供了一个大流量宣传口。在用微信进行短视频推广时，以下几种技巧非常实用。

微信朋友圈

微信朋友圈作为当下人们分享自己生活最重要的平台，可以看到各种形式的分享。大家可以从朋友圈了解到各种信息，短视频运营者可以利用这一免费的大流量平台为自己的短视频打广告，为自己引流。但需要注意的是，应避免硬性推广，不要引起朋友们的反感，而被误认为是营销号，容易遭到拉黑、删除。因为朋友圈功能的强大，短视频运营者在使用这一功能时，要挑选优质内容更新，并需要不断提供福利维护朋友圈粉丝。与此同时，还需要注意每一个细节。比如：朋友圈背景图片，用户可自主设计与短视频宣传相关的广告图片，还可以在图片上添加短视频账号信息；状态显示功能，可以让别人了解你当下在干什么，提供了一个社交的入口，也是一种曝光的方式；点赞评论功能，多与别人进行互动，关注对方发布的信息，点赞评论建立好感，也可以在评论区推广自己的短视频，让更多的好友看到。

微信群

微信群引流曝光率高，而且精准度高，能加入群聊并留下来的群友绝对是你忠诚的粉丝。短视频运营者可以通过建立并维护微信群来给自己的短视频做推广。但需要注意的是，必须要掌握管理运营群聊的方法。比如，短视频运营者可以主动在微信群聊内分享实用生活技能、开团送福利、抽红包中礼物等，维护群内好友，与他们建立友好信任的关系，得到群成员的积极反馈。通过一系列活动与群内成员建立一种情感链接，然后再去推广短视频就会更容易被接受，从而收获一批忠实用户。

微信公众号

短视频运营者也可以自己运营微信公众号来推广短视频，优点在于用户粉丝精准、黏度高，可以自行决定发布文章数量和活动，便于进行流量控制；也可以与粉丝量较高的其他微信公众号合作，进行大规模的推广，这种方式的优点在于见效快，短期内就能获得一定规模的粉丝，但这些粉丝流失率较高，不好留存。

利用知乎推广

知乎的主营业务是问答服务,从 2011 年上线开始,经过十多年的发展,已经发展成为综合性内容平台,包括问答、会员体验服务、机构号、热榜等一系列产品和服务,并建立了包括图文、音频、视频在内的多元媒介形式。知乎平台主要作用是帮助人们分享自己的知识、经验,为别人解答疑惑,是一个高收获感的产品。在利用知乎进行推广时,要注意平台的特殊性质,根据其特点进行推广。

问答

问答系统,能用简单、准确的语言回答用户提出的问题。该系统的核心原理是基于用户渴望快速、准确地获取信息的需求。目前,问答系统是人工智能和自然语言处理领域中一个备受关注并具有广泛发展前景的研究方向。短视频运营者应该充分研究和利用问答的特性与需求,根据知乎的主要用户人群,对焦互联网圈的精英用户,做特定精品内容、垂直化推荐。由于用户基数大,知乎也开始向其他行业和领域触及,比如情感、生活、励志等方面,这为短视频运营者创造了更广阔的前景。知乎用户的共同特点就是求知欲都很强,并且他们都是某些行业的翘楚,具备很强的能力。他们来知乎就两个目的:阅读答案,输出答案。短视频运营者要想让自己的作品得到知乎用户的认可,需要精准打磨,并能够利用问答社区提供高质量的答案。

话题版块

知乎的话题版块，分为关注、推荐、热榜、脑洞、高赞、心理、校园、知识等板块，在话题板块下，用户可以对感兴趣的内容点击查看，也可以发表自己的看法、见解。如果短视频运营者有某方面的特长，可以在相关话题下发表自己的看法吸引相关读者。知乎更像是一个论坛：用户围绕着某一感兴趣的话题进行相关的讨论，与此同时你可以找到和你兴趣一致的人。对相关概念的解释，网络百科可以做一个官方权威的解答，但是对于千人千面、发散思维的整合，却不如知乎有包容性。知乎鼓励用户多发表自己的见解，倡导在问答区进行讨论，同时将问题用算法推荐给不同的用户，拓宽问题的发散性。答案非单一化、标准化，给短视频运营者带来了红利，短视频运营者可以在评论中点赞互动，引导用户看我们的简介或者私信，这样可以多渠道、多角度推广自己的短视频，借助知乎平台的包容度，提升自己短视频的曝光度。

知乎热榜

热榜在知乎这样的平台无疑是一个巨大的流量入口。以前，知乎的内容分发机制只是基于你关注的人和话题，根据你的关注来给你推送相关的回答，而热榜是根据问题的热度来对站内的内容进行分发。而这些上榜的问题一般都会有数百万甚至上千万的热度。

我们可以寻找一些和自己行业相关的问题，选择流量大、排名位置靠前的热门话题进行回答，回答的时候字数尽量不要太长，一般将字数控制在 500 字以内的纯干货，图文并茂最佳。

原创文章

无论是自媒体时代还是短视频时代，都离不开过硬的文笔能力，我们可以发表原创文章分享自己的观点，可以在文章中加入我们的联系方式，从而达到推广的效果。把握好标题、内容结构、引导用户关注信息为自己知乎账号带来流量。在合适的时候引流短视频账号，引导人们添加关注，达到增长粉丝的作用。

利用小红书推广

不知道从什么时候开始，人们开始养成了这样的习惯，不了解某款产品的效果如何，打开小红书搜一搜；不知道哪款穿搭最流行，打开小红书搜一搜；不知道工具怎么用，打开小红书搜一搜。小红书已经成了人们获取新技能的一个重要渠道。那么，短视频运营者该怎样利用小红书平台的特性进行推广引流呢？

小红书推广的话就是写笔记推广，主要作用是品宣。小红书的推广方式有以下四种：关键词排名推广、达人推广、素人推广、KOL投放。接下来，我们详细讲一下小红书的这几种推广方式。

关键词排名推广

小红书主要是通过写笔记进行推广的，这里的笔记和其他平台的文章、帖子一样，都是平台的内容。小红书的笔记排名和其他平台的关键词排名一样，也有一定的排名机制。小红书的排名机制跟笔记的总数量和发布时间有关，更新时间越早则被推荐次数越多，笔记数量越多，平台对账号的认可度越高。同时，它还与笔记的点赞量、评论量、收藏量有关。一般来说，排名靠前的基本互动量都很大，所以短视频运营者要多注重互动，在这方面多下功夫，提高互动量，然后平台就会给笔记提权重，提排名。

小红书笔记的话题排名非常重要，需要多花点心思，短视频运营者要想在平台上让自己的作品排名靠前就要学会确立关键词，重点利用关键词排名推广，同时内容要符合社区规则，文笔足够优秀，文案质量要高。

那么，如何做好关键词排名推广呢？

确立小红书的关键词，首先，要查看这个关键词在小红书上的笔记数量，这个至关重要，如果一篇笔记在关键词的前排，引流的效果是非常可观的；其次，笔记内容和笔记标题关键词要统一，不要做标题党，要让内容围绕着关键词去展开，这样系统才会重点收录做广泛推荐；关键词要重复提，最好在标题、开头、结尾上都有提及，加深印象，提高曝光量；可利用多平台共同推荐，比如朋友圈和微信群等，拉人点赞评论，提高知名度。

达人、素人推广

在小红书上发布笔记的账号分为素人账号和达人的账号。素人指的是没什么粉丝量的账号，如果我们想投入资金做推广的话，可以采用素人和达人笔记一起推广的方式，共同提高推广度。通过达人推广短视频的过程一般就是素人笔记做大量的铺垫，然后通过有粉丝基础的达人来引流合作。

小红书平台的达人推广比较适合想快速提升短视频知名度、占领市场、渴望打造爆款产品的运营者。因为达人的数量是无限的，流量是无限的，合作的达人越多，曝光量就越多。如果刚起号的短视频运营者，建议多做些精品笔记以及关键词排名，再适当地找些达人推广，曝光量很快就会上去。

小红书达人推广是通过达人发布笔记、购物分享，将一些有价值的攻略发送到社区，根据用户需要浏览相关笔记，并对笔记进行评论和分享。小红书社区也会根据笔记的点赞量、浏览量、评论量，将有价值的内容二次推送给其他用户，从而进一步引爆传播。总的来说，达人推荐是见效最快的办法。短视频运营者可以根据小红书达人的粉丝量和笔记的点赞量与合适达人或素人合作，推广自己的短视频。

KOL 投放

目前，KOL 的投放算是小红书的热门，大部分的品牌投放都会去配置，账号和内容的权重一定要会选。短视频运营者一定要占用这部分的高地，抓住 KOL 这一机会去推广自己的作品。小红书 KOL 推广，可以用视频或是图文，建议与短视频账号相关的视频，这样做，一是引流的周期短，精准度高；还因为视频可以更让人集中注意力，不觉得枯燥，视频内容最好与短视频内容相关，增加视频作品的曝光量。

在做小红书推广的时候，笔记的内容是很重要的，如何巧妙地把短视频的账号信息、联系方式植入到笔记中而不引起用户的反感也很重要，能够通过小红书将流量变为粉丝量进而变为销量，这样才是成功的推广模式。

总而言之，小红书是一个做推广非常好的平台，只要有方向、有策划、有目的地去推广肯定会收到意想不到的收获！

第 10 章

打造矩阵：

发挥多个账号互动协同效应

矩阵玩法是短视频运营中比较高端的运营策略，要求创作者具备较高的内容生产能力和流量资源基础，虽然不一定适用于所有从零开始的创作者，但是能够形成矩阵的账号运营者都是有相当成功的运营经验的，值得创作者们关注和学习。

短视频矩阵特点和优势

矩阵，原本是一个数学术语。在数学中，矩阵是一个按照长方阵列排列的复数或实数集合，最早源于方程组的系数及常数所构成的方阵。这一概念由 19 世纪英国数学家凯利首先提出。

随着自媒体风口的兴起，矩阵的概念逐渐由数学延伸到短视频行业。早期，自媒体创业者将多平台（如微信、微博、头条……）搭建的账号集合称之为矩阵。之后，随着单一自媒体平台（如抖音、快手等）的影响力增长，自媒体矩阵被越来越多地用来形容单一平台的多账号集合。

矩阵的作用

随着短视频赛道各大领域的账号运营逐渐精细化，矩阵号的玩法也在逐渐增多。相信经常刷视频的读者朋友即便不是"樊登读书会"的粉丝，但也一定在不同平台刷到过樊登，仅在抖音上，樊登就有"樊登读书 APP""樊登读书精华""樊登读书冷知识""樊登优选阅读"等数百个账号，累计粉丝总数突破千万级别，这就是矩阵的作用。

同样做短视频，在如樊登这样的自媒体达人选择围绕自己的 IP 进行矩阵模式引流时，我们为何还要独自苦苦支撑？既然矩阵这个方法已经被实践证明具有增加曝光率和起到引流的作用，我们不如也趁早拉个圈子，依靠矩阵玩法吸引更多的粉丝。

矩阵的优势

矩阵营销的优势，简而言之就是能够获取更多流量入口，同时不同平台或账号之间可以进行资源互换，提升视频创作者全网的粉丝数量，其具体优势主要表现在以下四个方面。

1. 降低获客成本增加收益

绝大多数短视频创作者做视频的目的都是盈利变现，假设一个视频账号每天能够给我们带来的收益是 100 元钱，如果我们做了 10 个这样的账号呢？做了 20 个甚至更多这样的账号呢？多账号所带来的整体收益绝对是大于单个账号的。

2. 降低账号风险

如果你运营过抖音或者快手，那么大概率你也遇到过违规或者被限流的情况，更可怕的是，若是一个不小心使得账号被平台封禁，那自己之前的努力都将付诸东流，此时矩阵账号的优势就体现得淋漓尽致，我们在运营多个账号的时候，可以逐步摸索平台的底线和规章，降低账号被封禁的风险。

3. IP 打造

通过运营短视频矩阵，可以打造我们的个人品牌，扩大品牌的影响力，多平台吸引更多粉丝关注我们。

4. 更容易打造出爆款视频

关于粉丝的增长，短视频行业里早有人用一句话进行了总结："涨粉靠上热门，粉丝留存靠日常内容产出。"因此，爆款视频对每个短视频创作者而言，其价值都是巨大的。不过，热门推荐位有限且竞争非常激烈，客观来说，并不是每个人的作品都有机会成为爆款视频的，因此有很多内容想上热门推荐位就必须依靠矩阵模式。试想一下，同样的内容（前提是内容非常好），是一个账号发布上热门的概率大，还是多个账号发布上热门的概率大呢？不用说，肯定是后者的概率更大。就如同之前我们提到过的樊登，他在抖音上的账号数以百计，这么多的账号同时发布一条视频，肯定会有一两个账号能够获得不错的数据，这也是樊登的短视频能够频频成为抖音热门视频的主要原因。

短视频矩阵搭建的四种形式

很多初期做短视频账号的内容创作者们想必都曾对"个人单干"还是"团队作战"产生过疑惑。实际上，想要做好短视频，一个人即便再有才华，他的力量也终究是有限的。如果想在短视频行业站稳脚跟，做大做强，在有条件的前提下，最好还是能够和身边的亲朋好友一起进行团队矩阵协作。相较于个人运营者的"单打独斗"，团队矩阵协作的模式好处有很多，这点我们在上一节已经讲述过了，这里不再赘述。下面，主要讲述一下如何搭建短视频矩阵。

目前，短视频矩阵的主流模式有四类，分别是个人、家庭、团队、MCN（经纪公司）。以下，我们结合当下各平台的热门账号来逐一进行分析，看看不同矩阵模式的玩法和优势是什么。

个人矩阵：独立的抖音号之间互相客串

无论抖音还是快手，个人矩阵都是最常见的矩阵方式。相信很多使用抖音APP的读者朋友都对"我这该死的无处安放的魅力啊"这句著名的"抖音梗"有所耳闻，这句话来源于抖音网红"美男子顾北"的作品，经常被作者以旁白的形式放在视频结尾处，后来，他的这句"我这该死的无处安放的魅力啊"被模仿者"美少女小惠"发扬光大。美少女小惠虽然是个模仿者，但不得不说她的表演方式比原创作者更受用户的欢迎。

不过不同于抄袭，小惠在早期模仿顾北的所有作品中都会@原创作者，以表明自己是在向前辈致敬，对于小惠的模仿，顾北没有表现出厌恶，两人后来还成了比较好的朋友，一起同框合作，为粉丝打造出更有吸引力的 CP（Coupling，配对关系）设定。两人也从各自单打独斗的运营方式转变为矩阵模式，经常会在各自的作品中与对方隔空互动，并在标题里 @ 对方。

如今，小惠与顾北除了共同演绎一个剧本外，也延伸出许多 CP 新玩法。例如，一个命题根据男女差异拆分成不同的应用场景。例如，顾北将"风油精"应用于网吧，用途是强制盖过其他的异味；而小惠则将其应用于相亲，作为对相亲对象软性劝退的手段。可以说，两人的创意汇聚到一起无疑发生了巨大的化学效应，让手机屏幕前用户爆笑的同时，也达到了个人矩阵之间引流的目的。

此外，如果你在短视频领域已经具备一定数量的粉丝，那么也可以凭借自己的影响力，给自己的小号引流。例如，目前抖音上拥有超过 350 万粉丝的"无处安放的小 A"，该账号是搞笑剧情类的段子账号，出镜的小 A 在视频中通过对口型的玩法，对老电影的经典桥段重新演绎，展现出幽默活泼的一面。而小号"小 A 学财经"则用来做财经领域的垂直内容，在线为粉丝分析近期财经热点事件以及分享自己的理财经验，在抖音上也收获了 200 多万的粉丝。小 A 作为个人 IP，两个账号都有自己的垂直细分领域，同时，她也在大小账号的主页中也分别标注了自己的另外一个账号。

家庭矩阵：家庭自成矩阵或塑造家庭人设

抖音号"乔丽娅 Natalia"和"Alex 乔弟弟"是一对国外姐弟。2018 年 3 月，乔丽娅开始专注于拍摄外国姐弟的有趣日常，这对姐弟俩操着一口不太标准的普通话，在镜头前展示他们在中国的生活片段。

目前，两人的粉丝数量分别是 350 万（乔丽娅 Natalia）和 110 万（Alex 乔弟弟），这其中固然存在一些重合的粉丝，但粉丝总量不容小觑。

类似这种家庭矩阵（家庭人设）玩法的，还有更为有名气的"祝晓晗"，目前粉丝数已突破 4 900 万，视频内容背景设置为家庭场景，常以父女（人设）之间发生的各种搞笑故事为主。不过不同于"乔丽娅 Natalia"和"Alex 乔弟弟"，"祝晓晗"的标签和人设感明显更为突出。

在"祝晓晗"的作品里,女儿晓晗的人设是单身、吃货、蠢萌;而爸爸"大纯"的标签则是有爱、善良、努力工作、爱欺负女儿、怕老婆;而"老妈"是后来引入这个"家庭"中的角色,通常以画外音的形式出现,她的定位是彪悍、霸道、真正的一家之主。

在"祝晓晗"火了之后,几乎在她的每条视频标题里,都会@另一个账号"老丈人说车",视频内容主要是讲述蠢萌女儿祝晓晗与老爸之间的学车故事。虽然"祝晓晗"和"老丈人说车"这两个账号都是围绕父女之间的故事展开的,但是视角不同,前者是女儿视角,后者是父亲视角。两种视角的切换,给粉丝增加了更多新鲜感。

团队矩阵:将垂直进行到底

除了个人、家庭矩阵当中不同账号之间的客串助力,打造画风一致的系列账号则是团队矩阵中最明显的一个特色。

团队矩阵中比较典型的成功案例是"文弘音乐"。据统计,在快手平台,文弘音乐旗下共有超过 20 个账号,这些账号的持有者在每部音乐作品中都力求画风保持一致,短视频中使用深色背景,并搭配同款立麦,不同的歌手唱不同风格的歌,但所有的账号名称都统一标注"文弘音乐"。

除了旗下风格各异的达人,他们还有一个官方账号"文弘音乐",粉丝量已突破 200 万。官方账号中很多视频的风格都是 4 宫格分镜,由四位风格迥异的

图10-1 "文弘音乐"矩阵账号

抖音达人演唱同一首歌曲，通过剪辑拼接到一起，呈现出对同一首歌不同的演唱方式。

这种团队矩阵运营可以极大提升品牌在平台上的曝光，公司品牌借此在旗下每个快手账号中刷到了存在感。由于文弘音乐旗下歌手风格不同但对外呈现方式一致，用户在刷到一个视频后，可能会按图索骥找到其他账号，可能是通过相似的名称搜索，也可能是通过其他歌手在评论区的引流留言。

MCN 矩阵：新网红运作模式

MCN 矩阵是一种新的网红运作模式，MCN 类似于网红的经纪公司，这种模式将不同类型和内容的 PGC（专业生产内容）联合起来，在资本强有力的支持下，保证内容的持续输出，从而实现商业的稳定变现。

在抖音上，MCN 矩阵也被很多经纪公司运用得炉火纯青，以"仙女酵母"为例：这个账号曾在一个月内涨粉 80 多万，目前粉丝数为 1 357.7 万，人设是"接听三界电话的仙女"，顶着一头精致的卷发，穿着复古宫廷风的长裙，戴各种华丽的帽饰。

在"仙女酵母"的视频中，我们可以看到，时常会出现其他同一 MCN 旗下的账号，例如以用书本解答问题的吸血鬼伯爵为人设的"猫舌张"、以日常和魔镜对话的女王为人设的"Yuko 和魔镜"……

这些账号拥有相似的魔幻画风和设定，通过这种不定期的互相客串，讲述了她们之间的故事。互动的过程中，粉丝基数更大的账号"仙女酵母"会给其他两个账号起到导流的作用，由此形成内容矩阵。

短视频矩阵企业级营销思维

由于短视频平台用户的流动性较强，因此矩阵式营销的"组团发力"策略逐渐成为各大品牌厂商应用广泛的一种打法。矩阵式营销的理念，并不是根据企业品牌、战略、推广、团队、运营等工作模块或者线上线下各类渠道单一地去简单组合，而是将企业经营的优势与管理、策略、方法、内容、效果进行有效而深入地融合，形成一个网状的立体营销组合，通过实战运用来助推企业发展，建立品牌，扩展渠道的有效模型。在短视频平台内，矩阵营销思维可以运用于KOL投放、直播带货、企业蓝V账号运营等多种营销模式中。

KOL投放：一般来说，品牌商会选用头部、中腰部和尾部达人构成的金字塔式推广矩阵。其中，头部达人的作用在于大规模曝光和增强信用背书；中腰部达人紧跟头部达人，对平台用户填补认知空白并进行种草，为产品相关话题增加讨论热度和互动；而尾部达人则与粉丝的距离更近，更有真实感和说服力，粉丝黏性和信任度甚至有可能强于头部达人，适合传播UGC（用户原创内容），用于用户付费前最后一步的推波助澜——增强品牌口碑，鼓励用户"拔草"。

直播带货：短视频形式+直播达人矩阵组合的模式，可以带领用户完成"基本认知—商品种草—拔草收割"的完整消费链路，是目前各大品牌都在积极尝试的同一平台内"跨品种"新矩阵玩法。

企业蓝V账号运营：蓝V企业账号的运营较为常规化，操作起来也相对简单，首先用主品牌账号与子品牌形成账号矩阵，在日常推广中，子品牌账号应围绕品牌和产品业务独立运营，在新品上市、购物节促销等关键节点配合主账号共同出声,打通主账号与子账号的粉丝连接,让两个账号之间的粉丝形成互通。

此外,品牌蓝V账号也可以与MCN机构达成深度合作自行孵化达人。被孵化的达人号在日常发布视频时可以多策划一些与品牌有关的内容,在品牌发声、专业背书、粉丝引流、带货种草等多方面配合企业蓝V运作。

对于品牌商而言,矩阵式营销理论可拆分为多个独立的理论模块,且每一个系统又为一个独立的运营板块进行深入研究。几大版块缺一不可,同时又相辅相成,融合企业内外资源成为矩阵式营销系统,企业可通过对照审视检查和完善矩阵式营销体系的板块来强化企业自身在各个方面的经营现状,建立营销体系及提升实际经营能力。

"樊登读书"如何打造抖音矩阵

作为短视频自媒体的从业者,我们为什么要投入如此多的精力来组建矩阵?矩阵的核心就是让更多的用户看到你的视频、购买你的商品、帮你推广传播。樊登读书会全网拥有超过1亿粉丝,年入10亿元,就是合理地运用了这种借力思维,利用矩阵模式赚钱。如果你也想像樊登那样建立起属于自己的商业帝国,那你必须要理清樊登矩阵玩法的三个核心点。

打造个人IP

在抖音,拥有数百个短视频账号的樊登,打造矩阵号的底层逻辑,靠的不仅仅是内容的价值,更关键的是个人IP效应。

即便樊登曾主持过中央电视台《实话实说》《12演播室》《商界传奇》等多档电视节目,有着丰富的演讲经验及强大的表达能力,但是如果没有个人IP,在短视频平台，也根本不会被人记住，更不会被人自发传播。

何为个人IP？在互联网时代，IP可以指一个符号、一种价值观、一个共同特征的群体、一部自带流量的内容。而个人IP，简单来说就是人们看到它时就会想起某个人。例如，当我们提到"读书会"时，自然而然地会想到樊登。

同理，作为短视频运营者，在做矩阵的过程中一定要先根据自身的定位打造IP。例如，一些轻资产创业的项目，运营者可以基于新个体、副业、轻资产、零工经济等多个维度去输出内容，而最终这些账号都是围绕"轻资产创业导师"这个身份或者说IP去生产内容。此外，在公域平台短视频矩阵的基础上，想要持续盈利，还需要搭建对应的企业号与个人号（私域矩阵），将精准用户群体的资源把握在自己的手里。

公域平台短视频的作用是，通过不同的内容与维度与粉丝建立连接、产生认知、产生个人IP效应，并基于短视频种草、直播带货等销售手段，让消费者有机会体验和购买我们的服务与产品。这是一个建立信任的过程，只有那些体验过产品与服务的公域粉丝或者对此产生信任的粉丝，才有可能成为我们的忠实粉丝，也只有这些忠实粉丝才会参与我们后续的课程、服务、项目，与我们建立强关系，我们才得以实现持续变现。例如，最近几年短视频平台比较火的水果、水产品等生意，运用的就是这种模式，先让用户付出少量的精力（极大的价格优惠或是让用户集赞宣传免费赠送），当用户体验过商品后，若是体验好，用户自然会对商品持续关注的。

降低成本

对于打造个人IP、搭建矩阵账号这件事，很多短视频运营者都存在这样一个认知误区：做几十个、几百个账号，需要招募很多人，前期投入成本肯定不少！

然而，樊登能够成为短视频领域最赚钱的人，不但归功于个人IP效应，更关键的是他抓住了人性，用借力思维让别人为自己搭建矩阵，为自己赚钱。司马迁曾在《史记》中写道："天下熙熙，皆为利来；天下攘攘，皆为利往。"当樊登在短视频平台拥有了一定粉丝及知名度后，他所做的第一件事就是赋能粉丝，让更多的粉丝成为自己的代理。想做樊登读书会的代理并不难，只需要缴纳一定数额的代理费，就能够成为樊登读书会的代理人，获得樊登的授权，以樊登的名义卖会员、卖服务。

在这个商业模式的流程中，樊登靠的就是个人IP的影响力与内容的价值，为数百个账号输出内容，让更多用户加盟进来，成为他的"代理商"，在用樊登的名气赚钱的同时也为樊登起到了IP推广的作用。

这或许也是互联网商业与传统商业最大的差别之一。在快节奏的生活中，人们的消费观已然发生翻天覆地的改变，在购买一件商品的同时，除了商品本身，人们也开始关注产品背后的文化，包括并不限于构思、设计、造型、款式、装潢、包装、商标等文化附加值与文化特色。而代言（个人IP）则是商品文化、价值观最好的载体，能够快速和粉丝产生信任背书、情感连接。

自媒体时代，个人流量甚至大过企业品牌

经常刷短视频的读者朋友想必一定听过罗永浩、朱一旦、papi酱的名字，可能也不止一次刷到过他们的作品，甚至一部分人还是他们的粉丝。毫无疑问，这些短视频领域的佼佼者影响力巨大，但也仅限于个人IP响亮，至于他们身后为其出谋划策的MCN公司叫什么，公司创始人是谁恐怕没有太多人能准确地说出名字。这也从侧面印证了当下自媒体时代，个人IP+合伙人模式，正在颠覆传统的品牌商+渠道带来模式。换而言之，当下无论优秀自媒体人做任何领域的内容创业，只要有合伙人团队，就能够把自己升级成为一种平台模式，去赋能更多人创业。

我们再回过头看樊登，那些早期成为樊登的合伙人、代理商的人，他们获得樊登授权后在抖音平台发布樊登内容，卖书、卖会员，基本上都赚得盆满钵满。同时，代理商在抖音平台以外的私域流量池里推广樊登的会员及相关的知识产品，则能够获取多重收益。事实上，类似樊登这种个人品牌+合伙人+分销的模式，相当于几年前的微电商与传统渠道代理模式的升级版，非常适合自媒体创业环境下的内容创业者的发展方向。作为合伙人一方，他们负责做的仅仅是流量与售前售后服务，而个人品牌团队则负责基于各大短视频平台，生产内容、搭建供应链体系,为合作伙伴提供产品、服务、储运等方面的支持。

如今,类似樊登这种矩阵玩法已经在多平台得到验证,很多知名网红达人依靠这种新电商模式进行流量变现,值得传统企业及个人借鉴。

第 11 章

变现：
让你的短视频价值千万

任何一个短视频创作者或创作团队不仅希望自己能够一直在短视频行业活下去，而且还要活得好，支撑短视频创作者坚持做下去的唯一理由就是变现。如何将自己的账号价值发挥到最大化，让自己付出的时间和创意转变为金钱回报？不同领域、不同账号的具体变现形式不同，我们需要结合自己所做的内容寻找合适的变现方式。

短视频＋电商变现

作为广受用户青睐的变现形式，短视频与电商的碰撞融合尤其值得我们期待。与传统的电商卖家用图文介绍产品相比，短视频更符合当前人们获取信息的习惯。文字或图片需要用户阅读和下滑网页查看，而且手机屏幕较小，不适合浏览大段文字信息。而观看短视频时，用户只需点击播放，即可方便快捷地获取产品的相关信息。

短视频电商变现的重要前提是确定好产品类型，保证产品质量及可靠的物流，让卖货具有较强的说服力。产品类型会影响产品的销售量，产品质量及物流能够决定用户下一次是否还会选择该产品，而说服力则是变现的重要基石。

先确定产品类型

产品类型的选择是实现商业变现的关键一步，关乎到营销者的成败。选择产品类型并不是一件简单的事情，选品的过程是判断自身商业逻辑是否合理的过程。我们可以从以下四个方面着手。

一是优先考虑日用品。比如化妆品、衣服、鞋帽、土货特产、婴幼儿用品等生活必需品，用户需求量大且持续需要，二次购买的可能性非常大。大多数用户购买非必需品很大一部分原因是冲动消费导致的，再次购买欲望较低。

二是分析好客单价和毛利率。据相关调查显示，单价在50~100元的物品最容易销售。如果超出了这个范围，用户在消费时考虑的因素就会变多，消费的可能性会大大降低。产品毛利率的控制也是一个技术活，一般需要控制在30%左右，过高会影响产品销量，过低会影响利润。纵观带货销量大的大V，其产品价格都不是太高，消费者都能够接受，不用花费很多钱购买却很实用，自然可以得到消费者的信赖。

三是产品必须有吸引消费者的卖点。有卖点的产品才会吸引大多数人的注意，所以短视频运营者在选品的时候一定要剖析产品卖点，包括产品的包装、产品的质量、产品的具体功能、产品的使用寿命、产品的价格等。如果产品没有突出卖点，用户可能转而购买其他可替代品，所以挖掘有卖点的产品来吸引用户并发掘用户的潜在需要很重要。

四是注重用户体验。只有具备优质的使用体验，才能得到用户的认可，从而树立良好的口碑。有些产品即使价格低，初次销量大，如果用户体验不好，就会收到一些不好的评价，不仅会影响后续销售，还会让用户对运营者甚至品牌本身产生不好的看法。在很多平台上，特别是那些受关注度特别高的电商，他们在进行直播或者发布短视频的过程中非常注重介绍产品的体验感，通过自己亲自试用，分享使用感受，还对标同类型产品，找出差别，验证体验感，更容易使用户信服。

保证产品的质量，促进转化

很多产品被运营者炒得很热，市场宣传效果足够到位，但是产品质量没跟上，造成用户在使用过程中期望值太高，但体验感差，感觉受到了欺骗。所以，注重产品质量应该是短视频运营者着重需要关注的一个大问题。

有一个用户在某短视频平台上买了一件衣服，收到货后发现线头多，布料差。她多次与店家交涉，也没有明确的处理结果。一气之下，她在视频评论区分享了这次糟糕的购物体验，抱怨店家的商品质量问题及售后服务不到位的情况。这个视频让很多用户还没有体验就将该商店列入了黑名单，不再去该店购物。

产品质量是指产品能够满足规定需要和潜在需要的特性的总和，产品质量至关重要，是短视频运营者选品首要考虑的因素。短视频运营者要考虑的是产品的生产商，可以从以下六点去把握：

一是通过相关网站了解这些商户的信誉评价等具体信息；

二是通过产品测评、问卷调查、大数据调研等形式，调查该类产品厂家所生产的产品；

三是实地调研，到该类厂商的车间现场调查，了解该产品的生产环境，加工过程及相关产品的处理流程等；

四是在签订合同的时候，条款要写明产品的售后服务情况，具体要写明产品出现相关质量问题后的解决办法；

五是"货比三家"，看哪个合作生产商给出的合作费用最合理；

六是对产品负责人的素质进行了解，确保发货给用户的产品质量是过关的。

与优秀的物流企业合作

产品的质量不仅包含产品本身的质量，运输过程中是否完好无损也是一项重要指标，要确保产品在到达用户时是没问题的。短视频运营者要考虑选择一个优秀的物流企业，这个企业可以保证到货准时、价格实惠，最重要的是货物的安全要有保障，货物的运送可以随时跟踪。

除了这些，还需要考虑的因素有时效与安全、网络情况、价格因素、实操与运营、服务质量及增值服务等。

具有较强的说服力

短视频+电商变现这条路要想走得好，除了要注意上面所说的选品和物流，还需要注意以下四点，这样才能让卖货具有更强的说服力。

一是保证短视频的调性与产品相符，要想让卖货短视频具有说服力，一定要进行合理的规划，用温和的方式把人们一点点引到产品中去。除此之外，还要及时更新卖货短视频，这也会让人们有一种强烈的真实感，进而推广购买行为。如果卖货的短视频中仅有高颜值的达人和节奏轻快的背景音乐，是很难有说服力的。而且还有两个十分明显的弊端，一是人们可能找不到产品的重点是什么，二是人们很难对产品产生信任感。

二是将产品融入场景中拍摄，短视频想拥有说服力，吸引人们的视线，就必须有趣、有感、有共鸣，但是一般的产品很难在短时间内引发共鸣，所以我们要加入场景。可以选择高颜值主角＋产品、景色＋产品、感动＋产品、悬念＋产品、搞笑桥段＋产品、萌宠＋产品等场景搭配模式。

三是为用户提供简单、便捷的购买渠道，如果是实体店，那可以把名称、地址等重要信息在短视频中提及；如果是网店，可以在评论区或者点赞量最高的评论下面回复网店的具体信息。此外，主流平台都有私信功能，我们也可以把相关信息通过私信发给他人。

四是我们可以向其他短视频号运营者学习，观摩他们的卖货短视频，模仿其中的产品描绘、讲述方式、情节设计等。总而言之，短视频平台要有说服力，才能顺利实现电商变现。

直播变现

2016年，我国开启了互联网直播元年，网络直播平台的迅速增多让直播这种新媒体形式与短视频在发展之路上并驾齐驱。

现如今，无论是娱乐直播还是直播带货，都已经成为各大平台集中力量发展的方向。同时也令许多企业、品牌及个人开始将实现价值的希望寄托于直播。快手、抖音、微视等极受欢迎的短视频平台，相继成为用户们试图直播变现的战略要地。一些短视频用户也想把握好这一绝佳机会，依靠直播变现，在短视频之外获得更加丰厚的收益。

与短视频变现模式不同，直播过程中观众的"打赏"是直播的主要变现手段之一。无论是 30 000 "抖币"（抖音平台虚拟货币）一个的 "嘉年华"（虚拟礼物），还是 28 888 "快币"（快手平台虚拟货币）一个的 "终于等到你"（虚拟礼物），每当有观众送出这些昂贵礼物时都会引来主播们的一阵惊呼与感谢。

粉丝打赏所带来的丰厚收益是很多短视频创作者转型主播的主要原因之一。随着各大平台对直播业务的积极探索和软件测试，各大平台对用户申请开通直播权限的条件也是一降再降。以快手平台为例，快手直播从最初的官方邀请制，到后来的 1 万粉丝以上才能申请开通开播权限，再到现在用户几乎无条件、零门槛就能开通直播功能。能够看出，像快手这样影响力巨大的平台，其官方运营团队在摸索电商的道路中，始终都将 "全体用户" 放到了平台核心发展的位置上，正如直播，只有让全民参与其中，才能真正实现全民直播狂欢。

不过，值得一提的是，尽管直播这项功能在各大短视频平台已经推出了很久，但仍有很多用户依旧不清楚直播功能的注册流程，实际上，只要你具备开通直播的必要条件，仅需几分钟便能轻松开启直播。依旧以快手 APP 为例，我们只需在快手 APP 的 "设置" 中找到 "开通直播"，进入申请直播权限页面，按照页面提示，满足快手直播开放规则，即可开通快手直播功能。

在快手 version（版本）9.8.21.6246 中，用户开通直播权限的条件为：

1. 账号注册时间超过 8 天；
2. 观看视频总时长达到 3 小时；
3. 当前账号状态良好；
4. 发布作品，并保持至少 1 个作品公开；
5. 作品违规率在要求范围内，粉丝数达到 6 个。

如果以上条件全部满足，那么我们就可以继续接下来的操作，并能够直接开通直播权限。

另外，若是此前账号未实名的用户，在申请开通直播权限之前，还必须完善账号的实名信息，按照规范上传本人身份证，否则无法通过直播申请。

快手上传实名制信息时，上传照片审核规范如下：

1. 申请用户面部清晰可见，手持身份证置于胸前，但不要遮挡住用户面部；

2. 照片放大后，身份证信息完整无遮挡，字迹清晰；

3. 双手手臂完整露出；

4. 为保证身份证信息清晰，拍照时务必将相机焦点对准身份证；

5. 确保提交的照片信息真实有效，切勿对照片及身份证信息做任何修改、PS、遮挡，否则将无法通过实名认证。

最后，快手平台为更好地保护平台未成年用户的身心健康，平台规定："禁止18岁以下未成年人开通直播权限"。也就是说，未成年人是不能在快手出镜直播的。

在快手中，直播共有四种形式：视频、语音、聊天室、游戏。开通直播权限后，用户在开启视频、语音、聊天室这三种形式的直播时，直接在快手APP内操作即可，而游戏形式的直播，则需要下载"快手直播伴侣"，这是一款专门为快手主播提供的游戏直播工具。手机端的快手直播伴侣支持安卓和iOS两大主流系统的使用，同时对设备的要求并不高——安卓手机需要在5.0以上系统，推荐手机内存2G及以上；苹果手机则需要在9.0以上系统，可以使用iPhone 7/7 Plus、iPhone 6s/6s Plus、iPhone 6/6 Plus、iPhone SE、iPad Pro、iPad Air/Air 2、iPad mini 3/4等设备。

抖音、微视等主流短视频平台开通直播的条件与快手大同小异，有些平台甚至无须申请直播权限，只要将手机的摄像头使用权限授权给平台，就能进行直播。不过，需要用户注意的是，各大主流平台开通直播权限都是免费的，如果各位读者朋友在主流短视频平台上遇到声称可以付费开通权限的人，请谨慎对待、保护好自己的财产并第一时间向平台进行举报。

短视频+广告变现

作为短视频运营者，当拥有一定的粉丝基础后，我们就该考虑如何运用自身在平台的影响力来实现流量变现。在短视频平台，常见的变现方式有三种：广告变现，电商变现以及直播变现。其中，广告变现是最为直接的，只要与商家建立合作关系即可，之后按照合作方的指导拍摄、发布视频作品就可以获得广告费用。

通过接广告变现是短视频大V最常使用的盈利模式，尤其是各领域的顶级大号，几乎每条账号都隐晦地植入了广告。很多短视频平台的官方管理者是认可这类变现视频存在的。不过有一个前提：发布广告任务的商家和接单的短视频创作者必须在平台唯一达人生态营销平台上进行操作，例如快手的"磁力聚星"或是抖音的"巨量星图"。

以"磁力聚星"为例，我们来简单了解一下快手的生态营销平台的运作模式和开通流程。

什么是磁力聚星

"磁力聚星"的前身是"快接单"，由北京晨钟科技于2019年研发推出，具备一定粉丝基础的快手达人可以通过快接单功能接受商家发布的APP下载、淘宝商品推广等订单，拍摄视频并获得相应的推广收入。

2020年9月，快手官方宣布旗下达人生态营销平台"快接单"正式改名为"磁力聚星"，并宣布磁力聚星达人作品在保留私域分发的基础上，正式接入公域流量，同时在用户关注页和发现页展现。

磁力聚星权限如何开通

创作者想要开通磁力聚星是需要一定门槛的，不同的功能，相应的"解锁条件"也各不相同。当前，磁力聚星针对达人提供了四种参与任务功能，即指派视频任务、指派直播任务、招募视频任务、招募直播任务。

对应的达人粉丝条件如表11-1所示。

表11-1　快手达人开通磁力聚星的条件

功能	功能描述	达人加入门槛
快视频	指派视频任务	机构达人或粉丝量≥5万的非机构达人
快直播	指派直播任务	机构达人或粉丝量≥5万的非机构达人
快任务	招募视频任务	1万≤粉丝数≤500万
	招募直播任务	

符合以上开通门槛的达人，可以在以下两个入口，自助开通对应的功能：

1. 快手APP或快手极速版APP—侧边栏—"设置"—"我的聚星"；

2. 快手APP或快手极速版APP—侧边栏—"创作者中心"—"我的聚星"。

有快视频（指派视频任务）和快直播（指派直播任务）功能的达人，在收到平台发布的专属任务后，会收到私信和短信通知。达人手动接受任务后，按任务要求上传视频即可。

开通磁力聚星后（我的聚星）如何接广告

当粉丝数量达到开通磁力聚星（我的聚星）的功能后，我们可以在快手官方账号"磁力聚星"里根据自己的领域找到相应的商业推广任务。这样在开直播或是发布短视频作品的时候就可以让粉丝看到我们所推广的产品了。粉丝通过我们的视频链接购买的商品越多，我们得到的收益就会越高。

磁力聚星有哪些注意事项

当我们成功开通磁力聚星（我的聚星）以后，在选择开始任务之前一定要仔细查看任务的投放要求，因为不同任务的要求是不一样的。如果没有按照要求去做的话，很大程度会影响我们的收益。例如，有些磁力聚星任务，商家会明确规定让主播或短视频创作者口播介绍产品。如果我们没有按照商家的规则来做，大概率会被快手官方判定没有完成任务。

不依靠磁力聚星，创作者们可以自己接私活吗

不可以。在快手平台，网红接私单的行为是被快手官方明确禁止和打击的，这是快手官方对合作厂商品牌的一种保护，同时也是对消费者的一种保护。作为平台监管者，快手官方有义务和责任来建立一个良好的电商环境，为商家和消费者服务。

除快手外，其他主流平台创作者可以接私活吗

不可以。自 2020 年 3 月以来，包括抖音、快手、微视等在内的多家短视频平台相继颁布新规："严格限制未经官方平台承接的非合规商业内容。"对于"非合规商业内容"，各平台都有相应的解释，但总的来说，各大短视频平台口中的"非合规商业内容"基本是指"未通过官方平台，私下收取报酬并在平台发布的商业推广内容，包括但不限于在短视频或直播中通过产品描述、效果吹捧、促销活动、打折信息、优惠券、兑换码等方式诱导用户下载 APP、引导购买、导流站外平台、诱导线下交易等带有商业推广性质的内容"。

对于平台内非合规商业内容及账号，各平台的处理方法几乎惊人的一致：视情节轻重，给予警告、限流、屏蔽、断播、短视频权限封禁、直播间权限封禁等处罚措施，并保留追究法律责任的权利。

从各平台官方运营团队所表现出的态度来看，对于电商的违规乱象，几乎各平台都是"零容忍"，这背后关乎平台的自身形象与未来的商业良性发展，只有接二连三地挥出重拳，肃清平台销售环境，才能对用户（消费者），短视频内容创作达人，提供更好的服务与市场。

知识付费：利用抖音推出课程

蓬勃发展的知识付费商业模式，令知识的流动不再像以往那样自上而下，知识的传播更加自由快捷，也让普通人的知识变现更加容易。

仅在2021年下半年，抖音上《爵士舞零基础入门教学》课程就卖到了近接近3万份，《民谣吉他弹奏》课程也卖了1万多份，或许有些读者会认为这些销量与专业知识付费平台的TOP榜的前几名无法相提并论，但我们要明确一点，那就是这些课程创作者并非传统意义上的明星网红，是短视频营销为他们切实创造了内容生产、传播、盈利的机会。

众所周知，抖音上较为热门的视频一直被"搞笑段子""才艺表演""心灵励志"等内容所占据，在这样的背景下，留给售卖课程的抖音号发挥的空间较小。那么，作为一名没什么名气的内容创作者，我们在抖音上要做什么样的课程才能吸引到用户呢？

根据一个话题输出自己的观点

成功案例有"张雪峰老师"等，这类主播吸引粉丝并不靠颜值，而是单纯凭借自己所输出的观点。

张雪峰针对的粉丝群体大多是在校大学生，这也与他"考研咨询规划师"的身份有关，而且他在抖音上卖的课程也多是关于考研的。此外，他在讲解考研相关的知识时还会经常提到大学校园里的一些事情，诸如恋爱、性格、学业等大学生们较为关注的话题，他也能够信手拈来，也许正是这种轻松的课程氛围，让他在很短的时间里便能收获一大批忠实粉丝。

根据一个话题来输出自己观点的内容创作者，在创作短视频时基本只靠自己口播，少有其他方面（滤镜、音乐、特效等）的设计。他们 IP 的影响力支撑着账号的流量以及课程的销量；他们的选题方向看似随意，但其实很少脱离自己的人设，无论短视频还是课程主要服务于自己的核心粉丝，很少在意路人粉的想法。

针对一个问题提出解决方案

成功案例有"潘多拉英语 by 轻课""孙立志""仲昭金 Adam"等，这些账号的内容更加活泼有趣。他们在回答问题之前，常会加入一些"场景再现"来做问题的引入。

在"潘多拉英语 by 轻课"里，主讲人会一个人饰两角，先表演一段对话，比如销售，再来针对销售中的错误给予正确的讲解；"孙立志"账号里也会先带用户进入一个具体场景，比如国外旅游时迷路了，应该如何求助；"仲昭金 Adam"则更极致，他会设计一个真人小剧场，实际表演出生活中的场景，展示出冲突，教练再冒出来讲道理给方案。

以上这些账号，在自问自答中，给出解决方案的形式具有多样性和趣味性。比如，解决问题时会配上图片、漫画、ppt 等，同时搭配上有趣的旁白和轻松活泼的音乐，很容易就能拍出一期作品。

在抖音上，这类内容更符合抖音平台的调性，但有意思的是这些账号无论是从短视频数据还是课程销售数据来看，整体上都不如第一类观点输出的内容。如果深究其原因的话，可能是由于多数短视频用户在抖音上都是漫无目地随便看看，对于解决问题并没有预期，较难遇到一个自己恰好很感兴趣的问题，反倒不如接受一个明确的观点来得痛快。相比之下，第一类观点输出的内容胜在人设清晰；第二类回答问题的内容定位清晰。他们都有一定的特色，这一点尤为重要，因为想在抖音上销售课程，那么课程的主讲人就必须具有鲜明的特色，只有具备一定的特色，才能吸引一部分用户掏钱付费观看。另外，抖音上越是"干货"的课程，它的销量就越普通。因为在抖音，绝大多数的观众只想获得情绪的释放，并不想付出太多的时间学习和思考，然而，看干货就意味着需要集中精力，注定不符合抖音产品所营造的场景。

做好用户转化

销售课程时，我们务必记住一点。那就是在抖音平台，视频中是不允许出现公开销售课程这一行为的，因此，我们在课程推广上，需要把课程的链接藏在一些较为隐秘的路径里。

1. 藏在私信里

这是很多内容创作者普遍使用的路径。在作品发布后，自己在留言区里留言"想学课程的私信我"，那些看到这则留言并且想学课程的人就会主动联系自己。

2. 藏在主页里

这种方法比较适合一些已经建立私域流量池的机构，他们会在主页上直接放出自己产品的下载链接或者公众号的名字，引导用户下载他们自己研发的 APP 或关注公众号。在抖音上，比较知名的机构如馄饨学园、蜜雪冰城等蓝 V 账号都在使用这一方法。

第 12 章

分析数据：

不断提升，打造"百万+"爆款短视频

对于短视频运营来说，数据分析可以起到优化粉丝画像、减少无效视频内容、贴近主流热点、助力粉丝增长、流量变现等作用。想要做好短视频的运营，数据分析工作就必不可少。只有掌握热门短视频数据分析的工具，采集好数据，才能对短视频的运营进行深度的分析，才能复盘出更有效的数据，才能更轻松地推送短视频作品上热门。

分析竞品，总结别人的爆款的经验

目前，越来越多的人进军短视频平台，同类型风格的短视频号也参差不齐，对于新手来说，如何在进入抖音的时候，做好竞品的分析报告，让自己的定位更加清晰、更容易获得用户认可，从而成为爆款视频呢？这就需要对相关垂直领域的爆款短视频账号进行竞品分析。正所谓，知己知彼百战不殆。

那么，为什么要做竞品分析呢？答案是我们需要知道别人的短视频账号为什么能做起来，他自身有什么样的优势，有哪些运营手法值得我们借鉴、学习。

了解了为什么要做竞品分析，我们就要着手寻找相关账号了。寻找相关账号的过程中需要注意的是，首先产品的定位、目标人群、整体风格需要与想要从事的领域差不多，但播放量、点赞评论量、带货量比较高的账号是考虑的重点，可以通过关键词搜索或者浏览等多渠道寻找。不要只关注一个热门账号，要对比多个同级别、通类型的账号，这样更容易找到它们成功的共同点。

当找到合适的可以模仿的同类别短视频账号后，我们需要对视频内容进行全面分析，尤其是播放量高的热门视频，分析这些视频有哪些特点或者内容能够引起人们的共鸣。对竞品的视频进行拆解分析，了解所有视频的共性，这里需要分析的内容包含选题方向、内容策划、拍摄技巧、剪辑润色、推广渠道等，从这些细节入手让我们更容易了解这个账号的特点属性。通过这样的全面分析，逐条翻看这个账号过去的短视频以及用户的评论转发情况，看是否和自己分析的一致。

这样做的目的是让我们能更加了解这条短视频挖掘的痛点是什么，用户的喜好有哪些。

但需要关注的一点是，不能直接对标同类目TOP10账号，因为做起来难度相对较大，数据分析的参考性不是很大。比如，你想做一个书单号，直接以"樊登读书会"为目标，可能容易受挫，这时，可以参考"楠聊"进行数据分析。

"楠聊"是一个拥有近百万粉丝的抖音号，获得了600万次点赞，评论数量也在不断飙升。这是一个以影视作品或场景为背景，通过匹配精彩的文案吸引用户，提高用户黏性，进而商品橱窗带货的抖音号。吸引人的文案是该号得以迅速发展、经久不衰的重要原因，与文案内容相匹配的场景视频也为其提高了竞争力。

我们再来分析"楠聊"所发的具体内容。例如，2021年7月1日，该短视频账号发布了题为《不懂得内向思考，只会越来越焦虑》的短视频，封面文案为：外向沟通，内向思考，内外兼修的处世之道。视频文案为：你知道吗？内向的人并不需要社交，雷蒙德博士研究后发现，对于内向的人来说，更适合在远离社会和人群的地方，探索万物本质和内心的平静。

其中列举了著名的天才创业者、慈善家、微软公司的创始人比尔·盖茨的例子。比尔·盖茨性格从小就内向，喜欢阅读，喜欢安静独处，对自己感兴趣的事有着狂热的激情和高度的专注力。他就喜欢自己一个人在小屋里面看书，反思。他曾说自己在这里就能引领世界。同时在视频中搭配了比尔·盖茨的采访视频增强了真实性和匹配度。接着，又引用了全球著名的投资商巴菲特在自己的著作《内向思考》中的名言："世界上70%的成功者都是内向的，他们都有一种向内思考的思维方式，就是用科学的思维步骤，根据数据和理性进行深度思考，摆脱情绪化的决策，最后做出正确的抉择。"以此来增加说服力。最后扣题，通过提炼书中核心思想结束了视频播放。你要学会独处，深度思考，培养一种科学而有效的内向思考的模式，然后集中全力去做正确的事情。

从这个案例来看"楠聊"的优势在于以下三点。

一是选题好，能够勾起用户的好奇心。在这个贩卖焦虑的时代，人人都想着如何摆脱焦虑，标题以《不懂得内向思考，只会越来越焦虑》将人们引向书籍主题"内向思考"。

二是文案出彩，引发人们思考。引用的名人名言和案例颇有代表性，富有说服力。

三是剪辑视频与文案搭配得当。在引用比尔·盖茨的例子时，视频上是比尔·盖茨被采访的场景；在引用巴菲特的名言时，视频中是巴菲特的讲话；最后介绍书籍时截取了书中富有深意的话语。

从整体感受上"楠聊"给人一种很好的体验，这当然离不开出彩的文案、视频的剪辑、故事的衔接等步骤，所以我们在做一个书单号的时候可以参考"楠聊"这个短视频账号，争取总结经验，百尺竿头更进一步。

分析用户喜好，绘制用户画像

短视频运营者在进行内容创作过程中，需要明白用户定位非常重要。只有绘制精准的用户画像，才能制作出垂直内容的短视频，短视频后期的推广工作才能事半功倍。所谓用户定位，就是要知道拍摄的短视频是给谁看的。因此，短视频运营者在内容策划过程中，首先应该考虑如下问题：视频内容的目标受众是哪类群体？该群体一般对哪些内容感兴趣？该群体的年龄、职业、消费习惯是怎样的？他们的消费习惯又是如何影响其购物需求的。

用户画像可以使产品的服务对象更加聚焦，更加专注。比如苹果科技公司的产品，是为有态度、追求品质、特立独行的人群服务，赢得了很好的用户口碑及市场份额。又比如豆瓣，专注文艺事业十多年，只为文艺青年服务，用户黏性非常高。做一个产品，不能期望目标用户能涵盖所有人，男人、女人、老人、小孩、文青……通常这样的产品会走向消亡，因为如果这个产品是适合每一个人的，那么这样的产品要么毫无特色，要么过于简陋。所以，短视频运营者第一步就要明确自己的定位，为特定群体提供专注的服务，远比给广泛人群提供低标准的服务更接近成功。

短视频运营者可以从下面四个方面构建用户画像。

年龄：天然的圈层区分

按年龄区分是明确目标用户最基本的划分方法，不同年龄的用户对短视频内容的关心重点往往大相径庭，正所谓："70后"刷养生，"80后"刷职场，"90后"刷互联网，"00后"刷二次元。所以，短视频输出的内容也要满足目标用户的喜好。

"00后"崇尚个性、自由，他们热衷于选秀节目、流量明星、二次元、搞笑类短视频，对传统的社会热点与新闻事实类内容兴趣较低。

"90后"有些热衷于娱乐，对电影、电视剧关注度较高；有些热衷于职场，从职场进阶、个人提升类视频获得新知；有些热爱生活，对吃喝玩乐感兴趣，美食、旅行类短视频是其关注点；有少部分"90后"是科技迷，对科技创新感兴趣。

"80后"处于已组建家庭且工作稳定的阶段，该群体收入水平较高，对投资、股票、社会热点有更高的关注度。

"70后"比较关注健康类话题，其中高知家庭更注重内在情商、涵养的提升，普通家庭则会对生活技巧类的短视频产生更多的共鸣。

性别：男女区别

男性和女性对于短视频的内容和功能的需求有所不同，比如美妆类短视频的主要目标对象是女性，而游戏、科技、体育、财经类短视频的用户以男性为主。

行业：垂直领域划分

行业定位是吸引目标用户最直接的手段，垂直领域划分得越细，目标用户定位得越精准，用户的黏性和忠诚度越高，短视频也就越容易做得更专业、更权威。被称为"口红一哥"的某位主播在两个月内"吸粉"1 300万，他是如何做到的呢？这与他精准、细分的行业定位有很大的关系。这位主播将自己定位在美妆里的口红这一细分领域，制作口红测评，同时也只卖口红，他每推荐一款好用的口红，该款口红就会成为爆款。这位主播有广泛的目标用户基础，他的用户都是口红的忠实爱好者，这些人因其做口红测评的短视频而关注他，这使得他的目标定位十分精准，而这也是他成功带货的有力保障。

动机：学习，娱乐，社会，职场进阶，情感表达……

用户的浏览动机是短视频发展的源动力。刚毕业不久的"90后"，为了提升个人竞争力，需要对一些职场办公软件运用自如，会关注或喜欢"高效办公100%"之类的短视频作品；生活压力大，想要放松身心，休闲娱乐，这些人大多会关注类似"喜蕃"的原创喜剧作品……我们可以根据这些动机为用户画像，从而把握他们的需求，创作出优质的、吸引人的短视频作品。

重点分析短视频播放量

就像每个人都渴望被看见，短视频制作的初衷也是被发现，所以，视频的播放量变成了评价一个视频优劣最有力的证据。那么，什么因素会影响到视频的播放量呢？我们又如何做才能增加视频的播放量呢？

标题

标题能否勾起用户的好奇心，切中用户痛点至关重要，这是吸引用户点开视频的第一步，也是影响短视频播放量的最关键的一步。想要打造一个爆款短视频就需要有一个吸引人的标题，可以利用名人效应，可以结合当下热点，标题中可以制造冲突，采用在标题中运用数字、人名等方式吸引用户。比如"会说话的刘二豆"短视频账号在标题中就采用了数字，该视频号通过用会说话的萌宠来给观众带来很多欢乐，用幽默的口吻让观众更容易接受，成为2020年抖音网红人气榜单第一名。短视频选题时要有创意，考虑到用户的需求，但需要注意的是切勿涉及敏感词汇，不要触及法律的边缘。

内容

内容也就是文案，文案必须出彩，才能吸引用户，从而增加播放量。在这个"内容为王"的年代，文案的好坏直接影响到视频的播放量。要想写出爆款文案除了平时的日积月累，还可以采取跟踪热门话题及精彩评论、向同行借鉴、互联网搜索相关素材、引用名人名言等方法。

剪辑

剪辑是对短视频制作过程中所拍摄的素材进行取舍、分解及组接，最终形成一个含义明确、主题鲜明、连贯流畅的短视频作品的过程。对于商业短视频来说，剪辑是短视频创作过程中的一项重要工作。一个好的剪辑也是影响短视频播放量的一个重要因素。那在剪辑的过程中我们应该怎么做呢？一是保持明确的方向感，比如，当人物在A镜头中从左边走出画面，接下来的B镜头中他应该从右边进入画面。但如果创作者为A镜头组接的B镜头中的人物是从左边进入画面，中间就必须接上一个人物转方向的过滤镜头X。二是注意镜头差异，尽量不让观众感受到应该出现的变化，不让观众产生不舒服的感觉。三是选择合适的动作、时间剪辑点，使用户看到的是流畅连贯的动作。

发布

短视频发布是运营者与用户产生联系的必要条件，是做好短视频推广的重要方法。把握好短视频发布节奏，实时监测短视频观看的反馈情况，及时记录调整，有助于运营者达到高效营销的目的。但在短视频发布的时候要注意遵循短视频平台的运营规则，比如在热门的发布时间发布视频，根据视频调性给视频添加标签等，同时要及时追踪发布后的视频动向，通过平台用户的反馈信息积极调整短视频内容方向，制作、发布用户感兴趣的短视频。

推广

如何让视频被更多的人看到，是视频播放量最有效的手段。对于还未积累起一定数量用户的运营者来说，前期可以通过拜托熟人点赞、转发；在短视频成长阶段，需要采取多种方式提高用户活跃度，签到打卡，转发有奖，留言评论，直播互动，发放福利等将已有用户留住，促进以老带新。等短视频号成熟起来后再考虑商业转化，流量变现。

总之，分析短视频播放量，就要从以上这几个方面下手，看哪个方面存在问题，就重点改进哪个方面。

分析点赞、转发、评论、收藏，发现规律

分析短视频点赞、转发、评论、收藏的规律，就相当于分析用户心理，用户喜欢一个短视频一般有以下五个原因。

一是引起了用户的共鸣，使用户产生了强烈的认同感，比如情感类视频，心灵鸡汤类。比如"唤醒内在力量"这个抖音号，其以《你所有的问题都来自不够爱自己》为题的短视频中解释了什么是爱自己，如何爱自己的10种方式。是呀！爱自己是终身浪漫的开始，一个不懂爱自己的人，又怎会恰如其分地爱别人呢？又怎会得到别人的爱呢？所以，从今天开始，让我们看见真实的自己，并且接纳不完美的自己，接纳自己的平凡，好好爱自己。

二是美好的人、事、行为、风景打动了用户的心。人的本性是对美好的向往，

这也是推动社会进步，人们不断努力奋进的源动力，比如旅行类视频、正能量视频、美女博主跳舞视频等。比如"房琪kiki"短视频账号，视频讲的是博主到各个地方旅行的记录。文案很动人，风景很秀丽，拍摄很专业，剪辑很出色，整体感觉非常好。她去了很多普通人想去但没有去的地方，实现了许多人未实现的梦。

三是视频的内容出乎用户的意料，剧情有了大反转。用户可能会为这烧脑的操作贡献自己的点赞、评论与转发。你是否曾因看了某个视频而气急败坏，是否因为某剧情的转折而言之凿凿？要知道，情绪才是影响人行为最关键的因素，或喜或悲或怒或惊，利用好用户这一心理，调动起用户的情绪，那你的视频的爆款之路就会更加顺畅。

四是知识、技能学习类短视频。随着互联网迅速的发展，学习不再拘泥于学校和课本，越来越多元化的学习方式和学习资料都可以在网上找到，当用户发现了一个生活中的小技巧或者学到一个新技能时，会忍不住为其点赞、转发，同时也是对自己的获得知识的认可，更是有想要把这个转发出去让更多的人看到的分享欲。

五是促使用户点赞、评论、转发的另一个心理是害怕以后找不到。信息的泛滥使得人们无时无刻不在被信息所包围，可能刷完这个视频，再找就找不到了，点赞、收藏、转发是在别人的视频那留下了自己的痕迹，是方便查找的一个途径。

根据数据，确定重点发力的平台

因为每个平台的调性不同，这也决定了其适合播放的内容和用户的不同。短视频运营者创造的内容适合在哪个平台发布，核心考虑的维度要考虑以下四个方向：用户画像、商业目的、供需关系、团队能力。拿教育行业举例，对各平台的具体分析如下所述。

用户画像

看短视频内容的目标用户和平台用户的契合程度，用户在哪儿自然就去哪儿。不要不提前做功课，凭刻板印象容易进行错误判断，要拿事实说话，拿具体数据做底层支撑，要对每个短视频平台的用户进行调研分析。

1. 快手

用户标签：小镇青年，18~35岁，三线及以下城区、县城、乡村用户。

知识标签：三农知识与技能、职业教育、兴趣教育。

快手上的教育视频消费者，三线城市及以下地区用户达到65%，比教育行业在短视频平台的平均占比高9.2个百分点。快手教育最早是在三农领域开始，目前已经形成覆盖职业教育、技能教育、兴趣教育等品类的生态圈层。

据报告显示，每年活跃在快手平台的用户大概有两亿多，由于可支配时间多，小镇青年观看学习型视频的占比是城市青年的8倍，这部分群体在快手上学习职教、三农知识比较多。

该群体80%的用户其实没上过大学，通过日常生活、工作当中不断地学习建立自身的目标，而快手平台正好提供了这一教育资源。

2. 抖音

用户标签：一二线城市，小哥哥小姐姐居多，35岁以下占比近7成，25~30岁（"90后""95前"）占比最高。

知识标签：K12/家庭教育、艺术培训、语言教育。

抖音目前已成为用户数最多的短视频平台，从用户整体来看，男女用户数量较为均衡，男性占比略高出4.4%，各年龄段用户中都是男性用户占比略高。尽管抖音用户中男性比例高，但对于教育类内容，抖音女性用户偏好度却要高于男性。

在不同代际中，"95后""00后"是主要的教育受众，"70后""80后"则关注子女的教育。

3. B 站

用户标签：“95 后”、学生党。

知识标签：语言学习、高考、考研、白领职业技能。

从 B 站官方发出的财报来看，B 站 24 岁以下用户占比为 43.3%，25~30 岁占 33.9%；男性用户占 51.6%，男女比例基本平衡；用户群体越来越多元化。

B 站用户的学习诉求中，以英语、日语等语言学习占主导，高考、研究生考试以及各类职业技能进行补充，这和 B 站平台所勾勒出的教育画像也比较吻合。

4. 小红书

用户标签：都市女白领。

知识标签：母婴、出国留学、自我提升。

截至 2021 年 1 月，小红书的注册用户量已经破 3 亿，月活用户突破 1 亿，小红书活跃用户呈年轻化趋势，年龄主要集中在 18~34 岁，占比 83.31%；以女性用户为主，占比 90.41%，男性占比 9.59%。这一年龄段的用户处于事业稳定或者上升的时期，消费能力相对较强。

城市白领、职场精英女性是小红书平台的主要用户群体，她们具有较强的消费能力，并有相应的消费需求，追求高品质的生活，职业分布包括大城市白领、公务员以及留学生。

商业目的

如果通过用户画像不能辅助短视频运营者坚定做决策的情况下，还可以从商业目的出发判断。

对于短视频运营者而言，入场短视频无非三个目的：引流、变现、打造 IP 或品牌。

1. 如果只是单纯希望通过短视频平台引流，抖音、快手这两个短视频行业的头部平台随便哪个都可以，当然，如果精力充沛的话，一起做更好。抖音、快手两家平台对内容运营者引流的态度都比较开放。抖音甚至支持商家配置定制化主页，能链接到官网、小店，甚至还能收集销售线索、引流到线下门店（不过这些服务都是额外收费的）。

2. 如果希望在短视频平台内直接完成变现闭环，做视频种草带货，可以首选快手，因为在所有的短视屏平台里，快手的粉丝黏性、转化率都是最高的，在快手做私域流量比在其他平台做更具优势。

3. 如果仅仅是为了推广个人 IP 或品牌曝光，则应该回归到自己的用户画像，哪个平台的受众群体比例大就去哪里。

供需关系

供需平衡态是每个平台的目标，但却不是内容运营者想要的，因为只有当平台的供给小于需求时，玩家们才有赚大钱的机会。从教育品类的大盘来看，各大平台都出现了优质内容作者短缺的局面和缺口，不过具体到教育领域的不同赛道、不同细分领域又会有差异，需要具体情况具体分析。

1. 对比头部竞争账号在不同平台的数据表现：粉丝量级、条均播放量、互动量、起量的速度、账号黏性、爆款视频数量……判断平台的适配度，继而进一步锁定平台。

2. 通过数据分析出适合自己的平台后，再去调研该平台竞品的量级，包括头部、腰部以及尾部作者的比例是多少，根据平台流量分割判断竞争强度。

3. 通过大数据，评估该平台上你的目标消费用户量级、增长速度、需求被满足的情况，以及一些核心消费数据，判断供需关系。基于以上定量、定性的分析基本可以得出"平台是否适合自己"的判断。以上的很多数据，我们都可以通过第三方查询到。

内容创作能力

在 PC 时代，电脑大多是横屏展示；而到了移动互联网时代，手机屏幕支持我们进行横屏和竖屏操作，这让许多平台自动分成了两系：抖音、快手等平台主打竖屏消费生态；B 站、微博、西瓜等平台则是以横屏为主。这种区别对内容创作者也造成了一定的影响，因为如果一个内容创作者既想做抖音、快手，又想做

B 站、微博，那他必然要做出竖屏、横屏两种尺寸规格的视频，这非常耗费时间和精力。

当然，有人一定会说，可以只拍横屏，之后通过剪辑软件，将横屏的上下部分加上边框做成"竖屏"，可是这种操作下来依旧是有剪辑成本以及和体验折损的。

此外，不同平台的观众对短视频时长也有不同的喜好，如果你仔细观察就会发现，抖音、快手的热门作品普遍在 15~30 秒，而 B 站、西瓜的很多热门作品往往在三分钟以上，平台之间的差异，也是内容创作者及运营者需要慎重考虑的问题。